# 祈りの法則

インディアンの
長老から授かった
「宇宙の流れ」を
コントロールしない祈り方

天外伺朗
*Tenge Shiroh*

ナチュラルスピリット

# まえがき

## 宇宙の流れに乗る祈り

本書は、「祈り」に関する奥義の秘伝書です。

誰でも知っている「祈り」の奥底に、誰も知らない、一般の宗教家もあっと驚くような秘密が隠されています。私自身は僧侶ではありませんし、いかなる宗教にも属しておりませんので、本書で記述する「祈りの真髄」は、既存の宗教とはいっさい関係ございません。

私は、2000年にインディアンの長老から突然**「聖なるパイプ」**を拝領し、人々に「祈り」で奉仕する、という役割を担うことになりました。インディアンは自然界に溶け込んで生きており、洗練された文明社会の宗教とはかけ離れた泥臭い「祈り」をします。

長老の「祈り」は強力です。なにかを願うというよりは、**自然界と呼吸を同期させ、宇宙の流れとともにある**、というところが大切にされています。

本書は、20年にわたってパイプセレモニー（インディアンの祈りの儀式）を続けたなかで、私がつかんだ**「宇宙の流れ」に乗っていく「祈りの真髄」**を皆さんにお伝えするべく書きました。

本書では、皆さんが神社仏閣で「家内安全」「商売繁盛」などと願をかける祈り、あるいは世の中で一般的におこなわれている、ごく普通の祈り（一部の宗教家も含む）、を**「初級の祈り」**と定義しています。それなりに有効ですが、効果は限定的です（詳しくは第1章で述べます）。

## 「祈りの力」が強いと危険が伴う

一般的にはあまり知られていませんが、「祈り」というのは、本来はとてつもなく強力な力を秘めております。あまりにも強力なため、そのまま剥《む》き出しで使うことは、むしろ危険を伴います。幸いなことに、ほとんどの人は「初級の祈り」しかできないので「祈りの力」は弱く、したがって危険性もほとんどありません。

宗教的な修行や、瞑想を習慣化すると「祈りの力」は強くなります。普通はまともに修行しておれば、それとともに人格も「強靭《きょうじん》な心」も磨かれますので危険にはなりませんし、危険性そのものにも気づくことも少ないでしょう。

ごくまれに、とくに修行をしていないにもかかわらず、天然で「祈りの力」が強い人がいます。また最近では「チャネリング能力」など、いわゆるトランスパーソナルな領域に属する能力を身につけている人も増えてきました。そういう人たちは「祈りの力」が強くなっている可能性があります。

私は、人間としての土台に相当する発達段階（主軸的発達段階）と獲得した能力のレベルを分けて説いています。パソコンでいえば、ＯＳとアプリといった区別です。

能力は、トランスパーソナルな領域に達しているにもかかわらず、主軸的発達段階としては依存の残っている幼い段階にとどまっている人を、これまで数多く見かけてきました。

このように、人間としての土台（主軸的発達段階）が幼い状態で、天然でトランスパーソナルな領域の能力を獲得すると、場合によっては「祈りの力」が、むしろ危険なツールになることもあります。

トランスパーソナル心理学では、主軸的発達段階と能力のレベルの乖離《かいり》が大きくなりすぎると、**「ＳＥ（Spiritual Emergency）＝魂の危機」**と呼ばれる、とても不安定な状態に入る、と戒《いまし》めております。

多くの人が「祈りの力」が強くなることに憧れますが、「強ければいい」という単純な話ではないのです。

## 「祈りの力」と人生の関係

私は、2005年から「天外塾」というセミナーを開いています。当初は経営者を対象にした塾だったのですが、しだいに塾生の意識の変容をサポートする塾に様変わりしていきました。

天外塾では、頻繁《ひんぱん》に瞑想ワークを実施します。

たとえば、職場を変わっても次々に「天敵」に出会う人は**「天敵瞑想」**というワークを毎朝・毎晩1か月間続けます。1か月後にはかなりの確率で、きれいに「天敵」がいなくなります。「天敵」がいい人に変容することもあれば、職場からいなくなることもあります（詳しくは第9章を参照）。

ほとんどの人は信じられないかもしれませんが、**「天敵」というのは自分自身の「自己否定観」を投影してつくっている**ので、外側に存在するわけではないのです。だから、職場を変えて「天敵」から逃れようとしても、また次の「天敵」が必ず現れます。

普通の人は、だいたい1か月程度の瞑想ワークでようやく「天敵」がいなくなります。みずからの自己否定観が軽減するのには、そのくらいかかるのです。でも、なかには数日間で結果が出てしまう人もいます。そういう人は「祈りの力」がとびきり強いのです。

ところが、「祈りの力」が強い人がいい人生を歩んでいるかというと、むしろ逆です。だいたい経営は順調で、売上げ・利益は上がっていますが（そうでなくては天外塾には来ません）、不思議と家族にうつ病や統合失調症など、精神を病んだ人を抱えていたり、自殺者がいたりするケースがほとんどです。会社も、売上・利益の数字的にはよくても、やはり、うつ病や自殺者が出ていたりします。

一般には、そういう周囲の悲惨な状況と「祈りの力」との関係性は知られていません。ほとんどの場合、その人の「祈りの力」が強いことすら、本人も含めて、誰にもわかっていないのが現実です。

天外塾での15年の経験で、同じようなケースが多数観察されたため、私はその関連性に気づきました。

結論的には、「祈りの力」が強いことは、決して安寧《あんねい》な人生につながっておりません。そういう人は「祈りの力」が強いことを自覚しておらず、何気ない想いがネガティブな祈りとして作用してしまうのです。

したがって、私はまず**「意識して祈る」**ということを指導し、徹底的に「祈り」の仕方を教えます。たとえ「祈りの力」が強くても、それによって周囲に危険が及ばないような祈り方があり、それを身に着けていただくのです。

一旦、そういう祈りができるようになると、もともと強かった「祈りの力」がポジティブに回り始め、その人の人生は見違えるように輝き始めます。

## ひたすら感謝するだけの祈り

本書は、このように世の中では、ほとんど知られていない「祈り」に関するさまざまな情報を皆さんにお伝えするために書きました。

一般に知られている祈りというのは、先に述べた「初級の祈り」です。皆さんが神社仏閣で願いごとをするときもそうですし、宗教者の祈りといえども、こう言っては申し訳ないけれど「初級の祈り」に分類されるケースがけっこうあります。祈りの効果は限定的ですが、特に危険性はありません。

厳しい修行により、とても強い「祈りの力」を身につけた方もいらっしゃいます。あまり世の中では知られていませんが、信じられないような奇跡的な祈りの例も、けっこうたくさんあります。これが**「上級の祈り」**です（第10章や第11章で詳細にふれています）。

ところが、このような**「宇宙の流れ」をコントロールする祈り**、というのは宇宙に歪《ゆが》みをもたらし、その歪みを受け止めなくてはいけません。

厳しい修行は「祈りの力」だけでなく、この「宇宙の歪みを受け止める力」も強化するようであり、よほど極端な祈りを実現しないかぎり、「祈り人」自身やその周辺が災厄に巻き込まれることはないようです。

前述したように、とくに厳しい修行をしなくても「祈りの力」が自然に中途半端に強くなっており、それを自覚していない人もいますが、ほとんどの場合、

「宇宙の歪みを受け止める力」は強くありません。そうすると本人が体調を崩すこともあるし、周辺に災厄が及ぶこともあります。

おそらく、それが悲惨な人生につながってしまうのではないでしょうか。世の中で、大変な人生を歩んでいる人たちの、かなり多くの割合の人が「祈りの力」が強い人ではないか、と私は考えています（特に調査をしたわけではありません）。

本書でお伝えしようとしている「祈りの真髄」は、インディアンの一部の長老から、その直弟子の長老へ秘かに伝わってきた **〝「宇宙の流れ」をコントロールしない祈り方〟** です。すべてに対して、ひたすら感謝するだけで、「なにかをどうにかしてくれ」という要求は祈りません。これは、いわば **「中級の祈り」** です。

インディアンの長老が全員このような祈り方をするかというと、そうでもなく、これはインディアン社会のなかでもむしろ少数派です。

ましてや、世界の祈りの伝統のなかでは、いままでほとんど説かれたことはなかったと思います。ただ、人の生きる道として「感謝道」を説いている人は多くおり、そのちょっとした延長上に本書の説く**「感謝の祈り」**があります。

この「祈り方」のすごいところは、まず私のように特に厳しい修行をしなかった人、つまり普通なら「初級の祈り」しかできないはずの人の「祈りの力」が強化されて、「祈り人」として通用することです。

もうひとつのすごいところは、感謝しているだけで、「宇宙の流れ」をいっさいコントロールしようとはしないので、宇宙が歪まないことです。したがって、宇宙の歪みが「祈り人」やその周辺に影響を及ぼすことはありません。つまり、祈りの効果があるものの、いっさいの危険性がないのです。

「感謝の言葉」だけで、はたして祈りの効果が出るだろうか?

多くの方が疑問に思うでしょう。ところが、不思議なことに「祈りの力」が弱い人でも抜群の効果が出ます（第12章で、なぜ効果が出るのか、その原理を解説します）。

このインディアン流の「感謝の祈り」は、天外塾で取り入れている各種の瞑想法に応用されており、すでに15年の実績があります。

私が「聖なるパイプ」を拝領して、この基本原理を言葉で学んでから、パイプセレモニーの実践のなかで、それがほんとうのことだと心から納得するまでには5年の歳月が必要でした。それまでは、お師匠さんには申し訳なかったのですが、インディアンの御伽噺《おとぎばなし》だと軽く受け流して、遊び半分でパイプセレモニーを実行していました。

したがって、いまこれをお読みの皆さんが簡単には信じられない、ということはよく理解できます。たとえ信じられなくても、本書をお読みいただいて、少しずつでも実行してみませんか。

方法論そのものは、何も難しいことはなく、誰でもすぐに実行できます。

実績が出てくれば、あなたの人生は見違えるように光り輝いてくるでしょう。

著者

# 祈りの法則　目次

## まえがき　1



## 第1章　宇宙の流れを乱さない祈り

## 第4章　聖なるパイプのこと



## 第5章　すさまじい怨念を超えた「祈り」

## 第8章 アイヌの英雄シャクシャインの御霊に祈る



## 第9章 問題解決の「天敵瞑想」

# 第1章
# 宇宙の流れを乱さない祈り

## 初級の祈りとは？

神社に行くと「合格祈願」の絵馬をよく見ますね。きっと、お賽銭《さいせん》をたっぷり出して試験の合格を祈ったのでしょう。

でも、よく考えてください。誰かが合格すれば誰かが落ちるのです。神様は祈った人だけを合格させるでしょうか？　それはまるで上司にゴマをする社員をえこひいきするようなものであり、人間界でも上等な行為とみなされません。賽銭の多い人を合格させたら、人間社会ではあっせん収賄罪《しゅうわいざい》で捕まります（笑）。神様がそのような次元の低いことをするでしょうか？

もちろん、どんな神様をイメージするのも自由なのですが、普通はもう少し高尚な神様を心に抱いていませんか？

つまり、皆さんが考えている祈りの構造、

**「神様がどこかにいて、私の祈りを聞いてくれて、それを叶《かな》えてくれる」**

というのは、かなり怪しげなエゴに満ちた期待です。おそらく、あなたの「合格祈願」の祈りは、誰も聞いてくれませんし、「ああ、そうか、よしよし」と叶えてくれることもありません。

でも、祈りがまったく効果がないかというと、そうではありません。祈りが神様に届いた、という言わば錯覚が、あなたの心を安定させ、それを励みにすることで、いい結果につながることは大いにあり得ます。

心の内側の状況と、外界で起きることとの関係はとても微妙であり、本書ではこのあとの章で少しずつ解説していきます。**心の、どの深さで思うかによって外界の現れ方が違ってきます**が、この「合格祈願」の場合には、比較的表面的なレベルだと考えていいでしょう。だから、「錯覚による心の安定」という言葉がぴったりなのです（第2章で詳しく述べます）。

神様、仏様といった祈りの対象があったほうが錯覚を起こしやすく、心の安定が得られやすいでしょう。宗教というのは、その錯覚を利用して心の安定を計る、というのが差しあたりの入り口です（奥はいくらでも深いのですが……）。

この「錯覚により心の安定を計る」というのが、いま、ほとんどの人が実行している世の中の常識的な祈りです。これは、まったく危険性はありません。しかも限定された、そこそこの効果は得られます。これが、いわば**「初級の祈り」**です。

しかしながら、もし「錯覚による心の安定」のレベルを超えた「祈りの力」の強い人がこの「合格祈願」の祈りをしたらどうなるでしょうか。おそらく、その人は合格するでしょう。「祈りの力」が強ければ、それは確実に実現化する力があります。

ところが、その合格と引き換えに、その人にはとんでもない災厄《さいやく》が訪れる可能性も高くなります。**初級を超えてしまうと、祈りには常に危険が伴う**のです。

なぜ、危険が訪れるのでしょうか？

それは、「私を合格させてください」という願いは、単なるエゴの実現を祈っているだけであり、自分の代わりに誰かが落ちることを容認しており、「宇宙の流れ」からは大きく逸脱しているからです。

「祈りの力」が強い人が「宇宙の流れ」を乱す祈りをすると、どうして災厄が訪れるのかということは、科学的に説明することはできませんが、たくさんの実例があり、ほぼ間違いありません。

おそらく宇宙の秩序を歪《ゆが》ませてしまい、その歪みが災厄として自分に跳ね返ってくるのではないかと私は推定しています。

俗に「人を呪わば穴二つ」といいますね。「穴」というのは墓穴を意味しています。誰かを呪い殺そうとすると、その人だけではなく自分の墓穴も準備されてしまう、という戒めです。これはまったくそのとおりなのです。

## 宇宙の流れを乱すと起きること

ある社長さんの会社には、どうしても社長の考え方や経営方針に邪魔をする人がいました。もちろん、社長なので、その人をクビにする権限はあるのですが、なんらかの事情でそれができなかったようで、

「あの人が会社からいなくなってほしい」

という祈りを毎日くり返してしまいました。

この人が「初級の祈り」のレベルだったら、その祈りは実現しないかもしれませんが、同時に危険性もありません。

ところが、この社長さんは真言宗の熱心な信者で、毎日早朝から仏壇に向かってお経をあげることを日課にしていました。何年ものあいだ毎日お経をあげていれば必然的に「祈りの力」は強くなります。

どうなったかというと、その祈りは数か月で実現し、邪魔だと思っていた社

員は、見事に会社を去っていきました。

ところが、それからしばらくして、祈ったご本人が脳梗塞《のうこうそく》で倒れ、社長を続けることができなくなってしまいました。まさに「穴二つ」だったのです。

このケースでは、「あの人が会社からいなくなってほしい」という祈りは見事に実現されていることに注意してください。

「祈りの力」が強ければ、祈りそのものは裏切られません。ところが、本人のほんとうの思いは必ずしも実現しておりません。その人はおそらく、「自分の施策をことごとく邪魔してくるあいつがいなくなれば、自分の思いどおりに経営することができ、会社を発展させ、社員を幸せにできる」と心のなかでは思っていたことでしょう。

結果的には、「いなくなってほしい」という祈りの言葉だけが現実化し、その奥にある、ほんとうの想いは実現できませんでした。ほんとうの想いというのは、経営者として、もっと社会貢献するような想いだとか、社員を含めた多くの方々を幸せにする想いだったことでしょう。

しかし、いくら言葉を尽くしても全部が表現できるものではなく、祈りで使った言葉だけが実現しても、ほんとうに望む結果は得られません。

**言語で表現された祈りが実現すると宇宙の秩序が歪むので、どこかでその歪みを受け取らなければいけなくなるようです。**

「まえがき」で述べたように、天外塾では**「天敵瞑想」**を頻繁《ひんぱん》に実施しています。ほとんどの場合、1か月間、毎朝・毎晩瞑想すれば、「天敵」はいなくなります。上記の社長さんが数か月かかったのに対して、「祈りの力」の弱い一般の人でも1か月程度で結果が出るのです。

しかも、本人にはいっさいの災厄が降りかかってきません。それはなぜかというと、**「天敵瞑想」は宇宙の流れを乱さないように設計されている**からです。
また、「祈りの力」の弱い人でも結果が出るように工夫されています。

上記の社長さんも、もし「天敵瞑想」を知っていれば、脳梗塞で倒れることもなかったでしょう。

「天敵瞑想」については、詳しく「第9章」でご説明いたします。どういう祈りをすれば、「宇宙の流れ」を乱さないかは、本書全体をとおして皆さんにお伝えしたいことです。

「人を呪わば穴二つ」という諺《ことわざ》は、比較的皆さんにとって受け入れやすいでしょう。「呪い」というのは、やってはいけないことであり、やったら報いを受けるのは当然だ、というのは常識として定着しています。

## なぜ現実を変えたいのかを知る

先で述べた「合格祈願」は、決して呪いではありません。誰かを貶《おとし》めようという祈りではなく、純粋に自分自身の合格を祈っているだけです。でも、すでに述べたように、自分が受かれば誰かが落ちるわけであり、間接的な呪いになっています。

「家内安全」や「商売繁盛」などは、間接的な呪いにもなっていません。したがって、「合格祈願」に比べれば「宇宙の流れ」の乱れは少ないのですが、それでも乱れを発生させます。それは、「自分だけよければいい」というエゴの実現を祈っているというのがひとつのポイントです。

それだけではなく、一般的に「ああなってほしい」「こうなってほしい」という願いは、未来をコントロールしようとする祈りであり、歪みにつながります。**「結果」を求める祈りは「宇宙の流れ」を乱すことになるのです。**

ここで、多くの人が「えっ⁉」っと詰まるでしょう。

「合格祈願」も「家内安全」も「商売繁盛」もダメなら、いったいなにを祈ればいいの、という疑問です。現状を変えてほしい、あるいはなんらかの「結果」を求めるから祈るのであって、それを否定されたら祈ることがないじゃないか、と思われたことでしょう。その疑問は当然です。

ひとつには、現状を変えたいと思っても、それを「コントロール願望」剝《む》き出しに直接的に祈らないで、感謝の言葉として上手に表現する祈り方がありま す。これに関しては、あとの章で少しずつお伝えしていきます。

もうひとつは、ちょっと深い話になりますが、あなたがなぜ現状を変えたいと思うか、ということです。「不本意な現実」が押し寄せてくるから、そこから逃れたいと思うのでしょうが、詳しく分析すると、あなた自身の「自己否定観」が「不本意な現実」を引き寄せているのです。

これは、いま聞いてもなにを言っているのかとても理解できないでしょうし、理解したとしても納得できるような話ではないでしょう。世の中の一般常識からは、はるかに外れているからです。

これに関しては、このあとの章で概略はお話しいたしますが、できれば拙著『人類の目覚めへのガイドブック』（内外出版）などをご参照ください。

もしこのことを納得していただけたら、自分の外部に存在する「不本意な現実」をなくそうとする祈りは意味がない、ということがご理解いただけるでしょう。「不本意な現実」をつくっている、あるいは引き寄せているのはあなた自身であり、それを祈って取り除こうとするのは、少し大きな視点から見れば、自分で起こした揉めごと収拾を持ちかけて利を得ることであり、矛盾そのものなのです。

## まずは内側をしっかり見ること

いま皆さんがおこなっている祈りの大部分は、「不本意な現実」が自分の外側から、たまたまやってくる、という大きな誤解もしくは錯覚がベースになっています。

本来なら、神に祈るのではなく、また外側を変えようとするのではなく、みずからの内側をしっかり見ていけば「不本意な現実」が消えます。ところがいま、宗教家も含めて、そのことがわかっている人はほんのわずかしかいません。みずからの内側を見ることを教えている指導者も多くはいません。

日本中のおびただしい数の神社仏閣あるいは教会が、宗教者も参拝者も含めてこの錯覚に陥っており、ともに虚しい祈りをささげています。皆さんがいままでしてきた祈りも、ほとんどこの範疇《はんちゅう》に入るでしょう。

本書は、このような世の中に広く信じられている常識を根本から覆《くつがえ》す、宗教家もほとんど知らない「祈り」の神髄をお伝えしようとしています。

結論から言うと、**滔々《とうとう》と流れる「宇宙の流れ」を「祈りの力」で強引にコントロールしようとしないほうが無難です。**「祈りの力」が強ければ流れを変えることはできるのですが、変えれば必ず歪みにつながってしまうからです。

いっさいのコントロールから離れて、流れゆくままに受容する、という姿勢が高度な祈りには求められます。

## 祈りの本質をわきまえる

先に述べた、皆さんが神社仏閣で普通にする「結果を求める祈り」は、仏教の基本教義では「現世利益《りやく》」として戒めています。つまり、あまりお勧めできない低次元の祈りだ、と否定しているのです。

ところが、いまは大多数の神社仏閣が「現世利益」を売りにしており、そのための祈祷やお札やお守りが収益源になっています。それをやめてしまうと経営は破綻《はたん》するでしょう。宗教といえどもビジネスになってしまっているのです。

これは、皆さんの大多数が「初級の祈り」のレベルにある、という前提のうえでの一般常識として定着したのでしょう。

本来なら、神社仏閣も一段とレベルの高い祈りを提供すべきだと思いますが、残念ながらいまの宗教界に、それは期待できないかもしれません。

もちろん心ある宗教家は、このあたりの祈りの神髄をよく心得ておられます。以前、伊勢神宮の宮司さんとお話ししたときに、こうおっしゃっていました。「選挙があると、候補者が大勢お参りにみえます。私は自分が選挙に受かるようにという祈りは絶対にしないように、と厳しく戒めています。

みずからのエゴの実現ではなく、日本の将来のために祈ってくださいといっても、皆さん当選を祈っちゃうんですよね……」

そう言いながら笑っておられました。

宮司さんは祈りの本質をわきまえておられましたが、血気はやる候補者にそれを言ってもなかなか理解されないのでしょう。

ただし、日本中のあらゆる宗教のあまたの宗教家のなかで、このように祈りの本質がよくわかっている人は、ほんの一握りしかいません。

「祈りの神髄」を追求するためには、既存の宗教や宗教家の指導を一旦は離れたほうがいいかもしれません。

しかしながら、先に「現世利益」の例を挙げたように、あるいは伊勢神宮の宮司さんの話でわかるように、仏教でも神道でもキリスト教でも、教義のほんとうに深いところまで調べると、本書で述べるような教えがあります。

それが、あまりにも一般常識から離れていることと、大衆に説いてもそっぽを向かれること（大多数の大衆は現世利益を求めている）、あるいはビジネス上の理由により、ほとんどの宗教家が「現世利益」に流れている、というのが現状でしょう。

# 第2章 インディアンから学んだ「感謝の祈り」

## 地球の窮状を救う祈り

アメリカやカナダの先住民、インディアンというのは祈りの民です。部族によって言語も風習も違うのですが、「祈り」の基本は、ほぼ同じです。長老によっては、えげつない祈りをする人もいますが、尊敬を集めているほどの大長老になると、本書で述べるような「祈りの神髄」を心得ておられる方が少なからずいらっしゃいます。

本書で述べることのかなりの部分を、私はインディアンの祈りのなかから学びとりました。

世界中のどこかで大きな災害があると、インディアンの長老たちは必ず祈りを捧げます。亡くなった方々の成仏を祈り、苦しんでいる方々の心の平安を祈るのです。２０２０年の初頭、コロナ禍《か》で世界中が大揺れに揺れましたが、ほとんどの長老は毎日のように祈ったことでしょう（私自身の祈りのサンプルを第3章に掲載しておきます）。

日本は、2011年3月11日に、地震による大津波と原発事故という大災害に見舞われました。本章でご紹介する、アルゴンキン族（アニシュナベ族の神話の伝承者も兼務）の大長老、ウイリアム・コマンダは、そのとき病床にあり、かなり症状は重かったのですが、毎日のように日本の人々のために「パイプの祈り」を捧げていた、と伝え聞いています。

その後、2011年8月に大長老は遷化されました。

私が最初にウイリアム・コマンダ大長老にお会いしたのは、1997年8月、東京国際フォーラムで開かれた「第4回フナイ・オープン・ワールド」（船井総合研究所主催）の会場でした。私自身も講演者だったのですが、大長老も講演者として来日していました。

細かないきさつは省略いたしますが、私は、いま「日本列島祈りの旅」でご一緒しているアイヌの女性長老アシリ・レラさんを、ウイリアム・コマンダ大長老の楽屋にご案内しました。

その場で、2人の先住民の長老たちが通訳をはさんで交わした2時間のトーク・セッションは、おそらくメイン会場のどのセッションよりも迫力がありました（詳細は拙著『日本列島祈りの旅1』に記載）。

基本的には、先進国の人々が、本来の人間の生き方から外れて、エゴを追求して、経済を発展させるために血眼になったあげく、海も川も湖も汚染され、森は破壊され、動物の種が次々に絶滅している、といった内容でした。

そして、この地球の窮状《きゅうじょう》を救うのは我々先住民の叡智《えいち》しかない、という話で盛り上がりました。太平洋を挟んで、はるか離れた日本とカナダの先住民の長老が、まったく同じフィロソフィーを語ることに感動しました（じつはそれ

1997年8月フナイ・オープン・ワールドの楽屋でのひとコマ。中央で座っているのがウイリアム・コマンダ大長老とアシリ・レラさん。その後ろが若き日の天外伺朗

だけではなく、アイヌとインディアンには共通の神話があるのですが、本書では省略します。詳しくは上掲書をご参照ください）。

## すべての兄弟姉妹に感謝する

それから大長老は、みずからの生い立ちを語りました。

若い頃（おそらく第二次世界大戦中）末期癌になって死にそうになったようです。そのとき、部族の長老に「お前の心のなかに、白人に対する憎しみが見える。それが癌をつくったのだ」と言われたそうです。長老の言葉は続きます。

「白人といえども、母なる大地が生み出してくれた私たちの兄弟なのだよ。たしかに彼らはインディアンにひどいことをしてきたが、そのほんとうの意味は長い年月のあとでわかるだろう。お前はどうして、彼らだけをほかの動物とは区別して感謝の対象にはできないのだ」

この長老の言葉には、解説が必要でしょう。

じつは、アメリカ・カナダのインディアンには部族を超えて共通の祈りの様式があります。それは、**すべての動物、すべての植物、すべての鉱物は「母なる大地」が生み出してくれた私たちの大切な兄弟姉妹であり、まずそのすべてに感謝する**、という祈りからスタートするのです。

インディアンたちは、植物や鉱物も人と同じ生命体とみなし、「tree people」、「stone people」という言い方をします（次章では、インディアンの標準的な祈りにもとづいた祈りのサンプルを載せます）。

その標準的な祈りでは、「すべての動物に感謝しているのに、どうして白人だけは感謝できずに憎んでいるのだ」というのが長老の言葉の意味です。自分たちを迫害している相手にも感謝する、という大きな博愛精神がベースにあるのです。

この長老の言葉に、深く感じいった若き日のウイリアム・コマンダ大長老は、それから毎日インディアンの基本的な祈りを捧げました。そうしたところ不思議なことに、あれほどひどかった末期癌がいつの間にか完治したというのです。このエピソードは、そのあと私が取り組んだ医療改革に少なからぬ影響を与えました。

第二次世界大戦直後には、まだ白人に対して武力闘争を試みるインディアンが大勢いました。大長老は、その1人ひとりを説得して、武力闘争をやめさせていきました。何回かの暴発は防ぎきれませんでしたが、結果的にはこれで何万人かのインディアンの命を救ったことになります。

若き日に、長老から教わったインディアンの基本的なフィロソフィーを、アメリカ、カナダのすべてのインディアンに伝えていった、というのがウイリアム・コマンダ大長老の人生だったようです。

語り終えた彼は、フッと力を抜いて次の言葉を吐きました。

**「結局、すべてに感謝していると、やがて感謝すべきことしか起こらなくなるんだ！」**

この言葉を聞いた当時（1997年）、私はソニーの常務として、ちょうど犬型ロボットAIBOの開発たけなわの頃でした。まだまだ科学技術を信奉する青臭い常識人だったと思います。この大長老の言葉に反発を覚え、心のなかで毒づきました。

「なに言ってやがんだ、この爺さん！　感謝というのは結果に対してするものだぞ。因果の法則というのを知らないのか……。感謝することで結果が変わることなどありえないぞ！」

反発はしたものの、この言葉は、なぜか私の心に深く刺さりました。

この3年後、私はチョクトー族のセクオイヤ・トゥルーブラッドという長老から**「聖なるパイプ」**を拝領して、インディアンの社会での長老のひとりになりました。そのいきさつは第6章に書きますが、私自身が「インディアンの祈り」を実行する立場になったのです。

何年か祈っているうちに、私は上記のウイリアム・コマンダ大長老の言葉がまぎれもない真実であることに気づきました。

それから約20年間、私は**「感謝の祈り」**を実行するなかで効果を確認し、いまでは、この言葉は強い信念になっております。その意味では、日本の多くの宗教家とはまったく違った祈りの道を歩んできたといえるでしょう。

ほとんどの方にとって信じられないでしょうし、一般の宗教家の教えとも違うでしょうが、あらゆる祈りのなかで**「感謝の祈り」**ほど強力な祈りはありません。それがわかってくると、皆さんが当たり前のように神社仏閣で祈っている「エゴの追求」の祈り、「現世利益」を求める祈りがとても気になるようになりました。

その後、「祈りの力」の個人差や、「初級の祈り」の限界と安全性もわかってきました。２０２０年４月に、コロナ禍のために茅ケ崎の自宅に引きこもっているときに、これは１冊本にまとめておいたほうがいい、という一種の啓示を受けて本書を書いています。

## 「祈りの真髄」を理解するために

さて、話を１９９７年のフナイ・オープン・ワールドの楽屋に戻しましょう。

２時間のセッションが終わる頃、ウイリアム・コマンダ大長老はやおら自分の金の指輪をはずしてアシリ・レラさんに渡し、プロポーズをしました。2人ともちょっと前に伴侶を亡くしていたのです。このとき大長老は83歳、アシリ・レラさんは51歳。親子ほども年齢が違いました。

アシリ・レラさんは、「ありがとうございます。このプロポーズは来世にお受けいたしましょう」とやんわり断ってしまいました。断ったのに、指輪は返しませんでした（笑）。

たった2時間前に会ったばかりで、言葉も通じない相手にいきなりプロポーズする、というのは前代未聞です。この2時間のセッションが、いかに濃厚だったかを物語っています。

この日は快晴だったのですが、会談が終わって外に出ると、すさまじい豪雨と稲光《いなびかり》と耳をつんざく雷鳴《らいめい》。じつは、アシリ・レラさんが興奮すると、必ず激しい雷に見舞われます。誰も信じられないかもしれませんが、私は何度も経験しております。

アシリ・レラさんにかぎらず、先住民の長老は天候と一体になっている人が多くいます。また、サンダンスなどのインディアンの儀式では、まるで舞台で照明を変えるように、式の進行と天候の変化がシンクロすることが、むしろあたりまえです。

これは、**「祈りの力」が強くなると、心の内側の状態と外側の世界で起きていることとのあいだに強い関連ができてしまう**という証拠です。もちろん科学的な説明はできず、一般常識にとらわれている人にはとても信じ難いでしょうが、これは事実なのです。

前章では、「合格祈願」で「祈りが神様に届いたという錯覚から来る心の平安」と述べました。一般の人のレベルでは、心の平安が得られたことによる外界への影響は、「錯覚」といって切り捨ててもいいくらい軽微なのですが、「祈りの力」が強い長老たちの場合、心の状態によって天候が変わるほど大きな影響を及ぼすのです。

このことが理解・納得できないと、「祈りの神髄」には迫れません。

# 第3章 新型コロナウイルス禍に対する祈り

## 【パイプセレモニー】

アメリカ・インディアンの「パイプセレモニー」という祈りの儀式は、50センチくらいの長いパイプに祈りを込めてタバコを詰め、火をつけて喫《す》います。煙と共に祈りが上がっていって創造主に届けてくれる、という想定です。これは、仏教の護摩炊きで祈りを書いた護摩木を燃やすのと似た発想ですね。

ここでご紹介する祈りは1人でおこないましたが、大勢で祈るときには、パイプを回し喫《の》みします。「パイプセレモニー」全般の解説は4章で述べます。

シャンクワイヤ・ティーゾン（創造主）
ニャウェン・コーワ（大いなる感謝）
スコナ・コーワ（大いなる平安）
コナルンクルワ・コーワ（大いなる愛）
（注：モホーク族の基本の祈り。通常これを3回くり返す）

太陽のおじいちゃん、月のおばあちゃん
いつも私たちを見守っていただいてありがとうございます。
いまもここに集まってくれている、たくさんのご先祖たちのスピリットの愛とサポートに感謝します。

創造主よ……
これから、あなたの子どもたちが祈りを捧げます。
どうぞ、お聞き届けください。

私たちの祈りが、すべての草に触れ、
すべての樹木のすべての葉っぱに触れ、
すべての動物の耳に入り、
すべての鉱物を揺らし、
そしていま、世界中で苦しんでいる
すべてのスピリットとすべての人々に届きますように……

いろいろな想いを抱いたまま、肉体を離れざるを
得なかったスピリットたちよ。
いま、あなたが抱えている重荷を手放すときが来ました。
死は誰にも、もれなく訪れる現象です。
あなたの地上におけるお役目は終わりました。

それが、どんな人生だったにせよ、天から与えられた
大切な役割を、あなたは果たしたのです。
地上における人生のなかで、心ならずも膨らませてしまった、
いかなる執着も、それを持ったままでは光の国には帰れません。
執着をすべてここに捨てて、どうか光の国にお帰りください。
まだ地上に残っている、あなたの大切な人たちは、
ひとり残らず、あなたが光の国へ帰ることを望んでいます。

大切な人を失って、嘆きのどん底にいる人たちよ。
私たちの祈りが届いているでしょうか。
私たちはいま、あなたの心の平安のために祈っています。
私たち「祈り人」の心の平安が、少しでもあなたに届きますように。
大切な人がいなくなるのは、とてもつらいことですが、

彼らは、また別の道を歩んでいるのです。
その道は光の国へ通じており、決して不幸な道ではありません。
あなたが心の平安を取り戻すことができれば、
彼らの光の国へ向かう歩みは力強くなるでしょう。
あなたの笑顔が彼らを力づけるのです。

いま、病の床にある人、そして大切な人が病に侵されてしまった人たちよ。
どうか、心を開いて私たちの祈りを受け取ってください。
私たちは、直接的には何もできません。ただ、祈るだけです。
あなたの、苦しみ、悲しみ、つらさなどを直接的に癒すことはできません。
でも、私たちの祈りが届き、たとえ状況は一向に変わらなくても、
あなたが心の平安を得ることに少しでもお役に立てると信じています。

いま世界は、新型コロナウイルスのお陰で、
人々の動きが止まり、大変な状況になっております。
最前線で患者たちのために戦っている医療従事者や、
人々のライフライン確保のために働いている人たちに
この祈りと感謝の気持ちが届きますように。
人間の活動が止まったために、経済は破綻し、
多くの人の生活が困難に瀕《ひん》しています。
世界中の難民たちや、貧困層にも
ウイルスは容赦《ようしゃ》なく襲いかかっております。
苦しんでいるすべての人たち、悲しんでいるすべての人たち、
つらい思いをしているすべての人たちへ
この祈りが届きますように。
少しでも彼らの心が安らぎますように……。

母なる大地よ！
いつも私たちを支えてくれることを感謝します。
私たちがなにをしていようとも、どんな姿勢で過ごしていても、
あなたの愛情は、まるで重力のように私たちを包んでくれています。
私たちが、この地上での役目を終えたとき、
優しく抱きとっていただけることに感謝します。
その日が来るまで私たちは、
あなたの愛情を片時も忘れずに生きていきます。

母なる大地よ！
私たちは息を吸うたびにあなたの想いを感じ、
息を吐くたびに私たちの想いをあなたに伝えています。
呼吸を通じてあなたとつながれることに感謝します。

私たちが呼吸できるように
清浄な空気を生みだしてくれたことに感謝します。
空気がなければ私たちは何分も生きられません。
私たちが毎日、清浄な水を飲めることに感謝します。
水はあなたの体内をめぐる血液のようなものなのでしょう。
あなたの血液である水がなければ、私たちは何日も生きられません。

母なる大地よ!
私たちの身体《からだ》を支える、食物を生み出してくれることに感謝します。
食物なしでは、私たちは何週間も生きられません。
一粒のコメでも、一枚の葉っぱでも、
私たちの口に入るまでには、多くの恵みに支えられています。
太陽の恵み。雨の恵み。大気の恵み。風の恵み。季節の恵み。

土の恵み。水の恵み。ミミズや微生物の恵み。
そのすべての恵みに感謝いたします。

母なる大地よ！
私たちと一緒に生きる、
多くの兄弟たちを生み出してくれたことに感謝します。
地を走る兄弟たちよ。水のなかを泳ぐ兄弟たちよ。
空を飛ぶ兄弟たちよ。あなたたちの命に感謝します。
あなたたちと一緒に生きていけるので、
私たちの人生はとても豊かです。
私たちに酸素を供給してくれ、木陰を提供してくれ、
そして、じっとしていることの大切さを教えてくれる
植物の兄弟たちに感謝します。あなたたちのお陰で

私たちの人生には落ち着きが得られます。
太古の昔から、瞑想を続けている鉱物の兄弟たちに感謝します。
あなたたちのお陰で、私たちの人生は深みが増し、
確固たる礎《いしずえ》が得られます。

いま世界中をにぎわしている新型コロナウイルスに感謝します。
あなたたちも、母なる大地が生み出してくれた、
まぎれもない私たちの兄弟です。
多くの人たちが、罹患《りかん》して亡くなられました。
その人たちのために、もっと祈らなくてはいけないでしょう。
多くの人たちが、災厄《さいやく》としてとらえています。
たしかに、大切な人が罹患して亡くなれば、災厄に見えるでしょう。
しかしながら、そういう不幸を乗り越えて、

少し大きな目で俯瞰《ふかん》すれば、
この一見して災厄に見えるコロナウイルス禍を通じて
人類がとても大きな気づきを得られたことに感謝いたします。
人々がちょっと動きを止めただけで、たちまち大気はきれいになり、
ヒマラヤがカトマンズやインドから見えるようになったと
驚きの声が上がっています。
川も海もきれいになり、人間にとっても、動物にとっても
住みやすい環境が出現しました。
いままで、人間の活動がいかに地球環境を破壊していたか、
多くの人が気づきました。

コロナウイルスが人間をむしばむように、
人間は大自然をむしばんできました。

そのことに、気づけなかった人たちも、
いまや、自分たちが「母なる大地」の
病原体だったことを自覚いたしました。

富の蓄積ばかりを追ってきた人たちも、
危機的状態のなかで、富より大切なものに気づきました。
経済発展が、人類社会の
究極の目的ではないことにも気づきました。
新型コロナウイルスのお陰で、人類全体の意識が、
一段と高いレベルに進めることを感謝いたします。

母なる大地よ！
私たちが、あらゆる国のあらゆる人種の人々、

あらゆる動物、あらゆる植物、あらゆる鉱物、
あらゆる細菌やウイルスとともに生き、大自然の
一部として究極の調和のなかで生きていけることに感謝します。

シャンクワイヤ・ティーゾン（創造主）
ニャウェン・コーワ（大いなる感謝）
スコナ・コーワ（大いなる平安）
コナルンクルワ・コーワ（大いなる愛）

今日も、私たちの祈りを聞いていただきましてありがとうございました。

（2020年4月12日）

# 第4章

# 聖なるパイプのこと

## ラコタ族に伝わる神話

「これはなぁ、はるかな昔……そう、何代も、何代も、数えきれないほど前のご先祖さまの話じゃ。その頃、だんだん狩りの獲物もとれなくなっていってなぁ、皆、食うのにも困るような状況になってしもうたんじゃ。

そこに創造主のお使いが現れた。美しい女性として現れて、白い野牛として消えていったんでなぁ、ホワイト・バッファロー・カウフ・ウーマンと呼ばれておる。

彼女はなぁ、人々の気持ちが創造主から離れていったので、大変になってしもうたというのじゃ。じゃから、『祈れ』という。誰も祈り方を知らんのでなぁ、懇切丁寧に教えてくれた。

まず、どでかいパイプを取り出して、これが『祈りのツール』だという。祈りを込めて煙草を詰めて、それを吸う。煙とともに『祈り』が立ち登っていって、創造主に届けてくれる、というんじゃ。

「祈り」も自分の欲望を祈ってはいかん。すべてに感謝するんじゃ。

この地上にあるものは、すべて〝母なる大地〟そう、お前を産み落としてくれた〝母なる大地〟が産んだものじゃ。同じ母から生まれているのでなぁ、動物も、植物も、鉱物も、すべてがお前の兄弟姉妹なのじゃ。

兄弟姉妹たちが、この地上にいてくれるお陰で、お前は生きていける。だから兄弟姉妹たちに感謝の祈りを捧げなくてはいかん。すべてに感謝をするんじゃ……これがホワイト・バッファロー・カウフ・ウーマンが教えてくれた祈り方なんじゃ。

彼女は、個別の祈り方のほかに、スウェットロッジとかサンダンスなどの儀式のやり方も教えてくれた。

それから、彼女は人間として生きる道を教えてくれた。これは、わしらがいつも言っておる、『赤い道（Red Road）』じゃ。欲を抑え、慎ましく、謙虚に、あらゆる兄弟たち（人、動物、植物、鉱物）を尊重して生きる道じゃ。

最後に、ホワイト・バッファロー・カウフ・ウーマンは、トウモロコシの種をくれて栽培法を教えてくれた。それ以来、わしたちは狩猟・採集だけでなく、栽培する、ということを覚えたのじゃ。

その後、彼女は、白いバッファローになって天に昇っていったという。

それ以来、わしらは彼女の教えを忠実に守って生きてきた。

だからなぁ、わしはこの話を、何度も、何度もくり返しお前たちに聞かせる。お前たちも、やがて自分の子どもや孫たちに聞かせてやるのじゃぞ……。

ホー・ミタクオヤシン（すべての兄弟姉妹・親戚とともに）」

これは、平原インディアンのラコタ族に伝わる神話です。「聖なるパイプ」を使って祈る、インディアン独特の祈りの起源や、狩猟・採集による不安定な生活から栽培による安定した生活への変遷などを語っています。

なによりも、彼らが「赤い道」と呼ぶ、人間本来の生き方は、いまの近代文明社会の人は、みずからを振り返ると耳が痛い話かもしれません。この神話では、長老が子どもに語っている語り口を採用しています。だから、一般に語られている神話の一部を省略しています。

いまでも、ラコタ族のアーボル・ルッキングホース大長老のところには、ホワイト・バッファロー・カウフ・ウーマンから受け取った、オリジナルの「聖なるパイプ」が保管されている、と言われています。

その後、「聖なるパイプ」はたくさん複製され、多くの部族で「聖なるパイプ」を使った祈り（パイプセレモニー）がおこなわれるようになりました。

## 「聖なるパイプ」を使う人たち

コロンブスがアメリカ大陸を発見したときに、タバコの苗を持ち帰ったと言われています。それ以来、タバコは文明国には嗜好品として広まり、いまでは肺癌の原因として忌《い》み嫌われています。

おそらく、上陸したコロンブスたちを迎えたインディアンの長老は、「パイプセレモニー」に彼らを招き入れ、もてなしたのだと思います。「パイプセレモニー」というのは、インディアンの最も基本的な祈りの儀式なのですが、お客を迎えたときの最高のおもてなしでもあります。インディアンなら、そこで長老と一緒に祈るということは喜びです。

円形に座り、祈りを捧げながらパイプを回し喫《の》みするのですが、言葉が通じないので、コロンブスたちには、なにをやっているのかはわかるはずはないし、おもてなしにもならなかったかもしれません。しかしながら、煙を喫《す》うというのが意外に気持ちよいことを発見して、タバコの苗を持ち帰ったのでしょう。

いまは、文明国の常識では喫煙が忌み嫌われているので、なかなか想像できないのですが、タバコやパイプはインディアンにとっては、とても大切な聖なる祈りのツールなのです。

「聖なるパイプ」は、多くの部族で長老の象徴になっています（「パイプセレモニー」をしない部族もあります）。多くの場合、長老の下で厳しい修行をして、一人前の長老として認められるようになって、初めて「聖なるパイプ」を授かります。

私の場合はちょっと特殊で、長老と一緒に1週間の旅をしただけで「聖なるパイプ」を拝領しました（第6章でそのいきさつをお話しします）。

ただし、いまではアーボル・ルッキングホース大長老が、インディアン以外の民族の人が「パイプセレモニー」をおこなうことを禁止しています。おそらく、あまりにも多くの「聖なるパイプ」が流通して、問題が生じたのでしょう。

私の場合には、2004年にウイリアム・コマンダ大長老のご許可をいただいていましたので、インディアンではないにもかかわらず「パイプセレモニー」をさせていただいております。

「聖なるパイプ」を持っている人は、「パイプホルダー」とか「パイプキーパー」とか呼ばれており、インディアン社会では絶大なる尊敬を集めています。文明国の偉い人のような権力は持っていませんが、「祈りの力」で人々に奉仕をする、という役割を担っています。

私にはできませんが、長老は薬草の知識もあり、病気の治療もします。悩みごとや揉めごとがあると、人々は長老のところに来るのです。

文明国でいうなら、聖職者と医者とカウンセラーと裁判官の役目を兼ねています。ただし、文明国の裁判官のように、人を裁くことはありません。

## スウェットロッジの役割

インディアンの社会では、スウェットロッジという儀式が頻繁《ひんぱん》に行われています。これもじつは、ホワイト・バッファロー・カウフ・ウーマンが伝えてくれたと言われている儀式のひとつです。ラコタ語では「イニィプー（子宮）」と呼んでいます。「母なる大地」の子宮、という想定なのです。

柳の木（日本では竹）で小屋の骨組みをつくり、毛布をかぶせて光を遮断します。そこに真っ赤に焼けた石を運び込んで小屋のなかをサウナ状態にして、祈りを捧げます。

病気の治療にも、悩みの癒しにも使いますが、裁判もこのスウェットロッジが舞台になります。

たとえば、紛争の当事者、AとBが来たとします。長老は2人に協力させて、スウェットロッジをつくります。ここで、AとBは、無言のうちに協力します。AとBが直接話すと喧嘩になるので、それはさせません。

文明国の裁判のように、弁論を戦わせることはないのです。

スウェットロッジは、まともな思考ができないほどの強烈な熱さです。そのなかで、まず長老が祈り、Aが祈り、Bが祈ります。それを何度もくり返しているうちに、紛争はひとりでに解決してしまいます。

つまり、インディアンの社会では、裁判も「祈り」なのです。

これは、言語と論理でもって、みずからのエゴを主張して、相手を論破しようとする文明国の裁判より、はるかにスマートのように私には感じられます。

「祈る」ことで、どうして紛争が解決するのでしょうか。

ひとつには、スウェットロッジの強烈な熱さがあります。息もできないほどの熱さのなかで、人は理性と論理の働きが鈍ります。相手と戦って勝とうとする意欲が鈍ります。

もうひとつは、**祈ることによって「神の視点」を意識するようになる**のです。

「自分の視点」や「相手の視点」ではなく、「第3者の視点」から物事を見ることを、心理学では「メタ認知」といいますが、「神の視点」はいっさいの誤魔化しや脚色を許さない、究極の「メタ認知」になります。「神の視点」で物事をとらえることができれば、もともと紛争などは存在できません。

## 「祈り」と政治について

インディアンの社会では、政治も「祈り」です。

あまり世の中では知られていませんが、アメリカ合衆国独立のとき、多くのフィロソフィーと統治のためのシステムをインディアンのイロコイ五部族から導入しており、近代民主主義の50パーセント以上はインディアン社会がルーツです（拙著『GNHへ』〔ビジネス社〕あるいは学術書としては、D・A・グリンデJR他共著、『アメリカ建国とイロコイ民主制』〔星川淳訳、みすず書房〕などをご参照ください）。

インディアンは室内で火を焚きます。１００人以上は入る北方インディアンのロングハウスでも、平原インディアンのティピ（三角形のテント）でも、必ず中央で焚火がたけて、煙が上から抜ける構造になっています。

ひとつには、焚火で暖を取る、という実用的な効用があります。

でも、もうひとつ、焚火は議会の中心としての役割があります。

議長は、もちろん長老の1人が努めますが「ファイヤー・キーパー」（焚火の守り手）と呼ばれています。議会が開かれているあいだ、焚き木をくべて火を絶やさないようにする、というのが議長のお役目のひとつなのです。

議会が始まる前に、議長は必ずお祈りをします。

最初に、創造主、母なる大地、すべての動物、すべての植物、すべての鉱物に感謝します。また、ここで討議ができることに感謝し、ここに集まった人たちやこの討議に参加している目に見えないご先祖たちのスピリットに感謝します（これにより、ご先祖たちのスピリットの視線を意識させます）。

それから、ここで討議するときに、人々がエゴを出さずに創造主の言葉（真実という意味）を紡ぐことができることを感謝します。さらに、ここで討議された内容が、次のように祈られるのです。

**「7世代あとの子孫にとって有益でありますように……」**

こういう「祈り」が冒頭にあれば、いまの日本の国会のような、攻撃と防戦、足の引っ張り合いによる空虚な討議には陥らないでしょう。

じつは、いま文明国でおこなわれている討論（debate）という方法論は、古代ギリシャの「詭弁《きべん》学派（ソフィア）」がルーツです。真実はどうであれ、ともかく論理で相手を圧倒して自分の主張がとおればよい、という思想です。そこから「雄弁《ゆうべん》学」が生まれ、政治家は皆勉強しています。

神の視線を感じて真実の言葉を交わそう、というインディアン流の対話（dialogue）のフィロソフィーとは根本的に違います。

前述のように、アメリカ合衆国が独立したときに、古代ギリシャの民主主義とイロコイ五部族の民主主義の両方をミックスしました。残念ながら、議会での討論の仕方は古代ギリシャの方法論が採用され、それが世界中に広まりました。それ以来、世界中の議会は「詭弁」で毒されてしまいました。

でも、インディアン流はベースに「祈り」があるので、全員が心から神を畏敬し、一定以上の意識のレベルに達していないとワークしません。

文明国では、あまり安易に導入できないかもしれません。

# 第5章 すさまじい怨念を超えた「祈り」

## インディアン・フィロソフィーに導かれて

人生は謎と不思議に満ちています。

42年に及ぶソニーにおける企業人としての活動では、私はCD（コンパクトディスク）、NEWS（ワークステーション）、AIBO（犬型ロボット）などの開発を主導し、どちらかというとエンジニア、もしくは技術開発マネジメントとして、とても堅い人生を歩んできました。

科学技術をベースに、創造性を発揮して新しい技術に挑戦し、大企業特有の低次元の政治的駆け引きにも翻弄《ほんろう》されてきました。

役員にはなっていましたが、どこにでもいるような平凡なサラリーマン人生だったのです。

ところが、2000年に私の人生を一変させるとんでもない出来事がありました。チョクトー族の長老、セクオイヤ・トゥルーブラッドから、あるとき突然**「聖なるパイプ」**を拝領し、私はインディアン社会では長老の1人に列せられたのです。

その前に、別の長老から、厳しいトレーニングを受け、薬草に関する知識などが十分になってからようやくパイプを授かった、という話を聞いていたので、何の修行もしていない私が拝領する、というのはまさに青天の霹靂《へきれき》でした。

2006年にはソニーを完全に引退し、フリーの身になっているので、それ以降はむしろインディアンの長老としての人生になったのかもしれません。

引退後は、科学技術とは無関係に、医療改革、教育改革、企業経営改革、ホワイト企業大賞の推進、「日本列島祈りの旅」などに取り組んでおり、瞑想や断食の指導をしてきましたが、そのベースには**インディアン・フィロソフィー（哲学）**がしっかり生きています。

エンジニアとして長年過ごしてきた私が、こうやって「祈りの本」を書く、などということは想像もできなかったことで、やはり「聖なるパイプ」を拝領したことが、人生の大きな変曲点になっていたのでしょう。

本章と次の章で、そのいきさつを簡単に述べます。

## サンダンスに参加した4日間

1997年、私はソニーでの勤務のかたわら、「マハーサマディ研究会」という組織を立ち上げました(現在はホロトロピック・ネットワークと改称)。「マハーサマディ」というのは、ヒンズー教の言葉で**「みずから意識して瞑想しながら至福のうちに亡くなる」**ことをいいます。

私の父親は、死を覚悟して見舞客にお礼を言ったりして見事な死のプロセスを見せていたのに、最期は集中治療室で管だらけになって、心を閉ざしたまま誰にも看取られずに亡くなりました。

それを嘆いたところ、臨済宗の僧侶、松原泰道師（1907〜2009）が禅宗では坐禅をしながら亡くなる「坐亡《ざぼう》」というのがある、と教えてくれました。「坐亡」と「マハーサマディ」は同じことです。

「マハーサマディ研究会」は、病院で管だらけになってのたうち回って死んでいくのではなく、みんなで「マハーサマディ」の技法を習得しようという、いわば「死に方研究会」であり、とても不吉な会なのですが、たちまち800人の会員が集まりました。


2000年1月、この会で35名ほどの会員さんを引き連れてセドナとホピ族を訪ねるツアーを実行いたしました。このツアーも神秘体験満載で、私の人生に大きな影響を与えましたが詳細は省略します（拙著『日本列島祈りの旅1』をご参照ください）。

じつは、このツアーの導師がチョクトー族のセクオイヤ・トゥルーブラッド長老だったのです。

この旅のあいだじゅう、セクオイヤがくり返し語ったことがありました。同年の8月にミネソタでサンダンスがあり、「それに来ないか?」というお誘いです。サンダンスは4年連続して出なければいけないのですが、今年がセクオイヤにとって最終年。「今年来ないとあとはない」と言われました。

サンダンスというのは、8月の満月をはさんでの4日間、飲まず食わずのまま、炎天下で踊るというインディアンの過酷なお祭りであり、これもホワイト・バッファロー・カウフ・ウーマンが伝えてくれた儀式のひとつだ、と言われています。

ご先祖の霊を呼び出して一緒に踊るので、日本の盆踊りと似ています。ただ、娯楽化している盆踊りに比べてはるかに厳粛で、鬼気迫るものがあります。

セドナでは毎日早朝にパイプセレモニーをおこなった。天外とセクオイヤ

お祭りのシーンが変わるたびに、猛烈な雷、豪雨、快晴など、天候が目まぐるしく変わり、これが単に人間が儀礼的にやっているお祭りではなく、大自然と一体になった宇宙の儀式であることを思い知らされました。

これは、文明社会で育った人には信じられないかもしれませんが、先住民と一緒に行動していると、しばしば経験することです。

サンダンスのハイライトに、「ピアス」という儀式があります。

長老が手術用のメスで背中（もしくは胸）の皮膚に2か所穴をあけ、そこに短い木の棒を通し、会場の中央に立てられた木とロープで結びます。ダンサーは、思い切り走ってドーンと木の棒に負荷をかけます。それを、皮膚がちぎれるまで何度も何度もくり返します。多くの人が血だらけになる凄惨な儀式です。

セクオイヤの場合には、背中に4か所木の棒を刺し、木の枝から垂らしたロープに括りつけて身体を空中に3メートルまで引き上げました。そこで、みんなでロープをゆさゆさとゆすり、皮膚が破れて落ちてくるまでやるのです。一般のダンサーより、はるかに凄惨でした。

セクオイヤは白人とインディアンの混血であり、体格も顔つきも白人的であり、白人社会からもインディアン社会にも受け入れられずに大変な苦労をしてきた人です。私には、「ここまで極端なことをしてまで、インディアン社会に受け入れてもらおうとしているのか」というところに意識がいってしまい、涙が出てきました。

なぜこのような凄惨ともいえる儀式をするか？

セクオイヤに聞くと、ここで自分たちが苦痛に耐えることにより、世界中の人々の苦しみを身代わりになって引き受けるという崇高な意味があると言いました。したがって、苦痛は強烈なほどよいそうです。

私は、長年、白人から凄まじい迫害を受けてきたインディアンたちは、自分自身の身体《からだ》を激しく傷つけないと気が済まないほどの激しい葛藤を抱えている、という感じがしました。

## インディアンたちが歩いてきた道

サンダンスには、世界中から先住民が集まってきます。政府や白人から凄まじい迫害を受けており、そのようなどうしようもない葛藤を癒しに来るのです。

このときも、セクオイヤのゲストとして、家族も親戚も軍に皆殺しにされたというグァテマラのインディオや、初老のイヌイットが来ていました。イヌイットは、過去に駅で突き落とされて両足を轢断《れきだん》しており、つい2週間前に息子を交通事故で亡くしていました。

これは、日本の読者には少し解説をしないと理解できないでしょう。

アメリカは建国以来、インディアンの子どもたちを親元から切り離して、よきアメリカ人として徹底的に教育する、すさまじい同化策を取ってきました。同化策に賛成するインディアンは政府派と呼ばれ、多くの州で年金が与えられ、こぎれいな家が供給されています。つまり、食うには困らないのです。ところが彼らの民族的な地位は黒人より低く、就職の道は断たれています。

伝統を離れ、民族の誇りと生きがいを失い、白人社会のなかでの居場所がない彼らの多くは、たとえ家や年金が与えられて生活に困らなくても精神的にはズタズタで、悲惨な人生を歩んでいます。アルコールやドラッグに溺《おぼ》れ、10代の自殺率は白人の10倍近くだと言われています。犯罪者も多く生んでいます。

一方、同化策を拒否した、ごく少数のインディアンたちは伝統派と呼ばれ、昔からの伝統をかたくなに守っています。居留区に押し込められており、ホームレスのような粗末な小屋に住み、不毛な土地でトウモロコシなどを栽培しながら、かろうじて飢えをしのいでいます。でも彼らは、民族の誇りにあふれ、陽気で、とても楽しく暮らしています。

しかしながら、自分たちは白人が来る前からアメリカ大陸に住んでいた、ここはもともと我々の土地だと主張して同化策に反抗する彼らは、白人たちからは目の敵にされています。

これは、アリゾナ州のナバホ族のインディアンから聞いた話ですが、いまでも伝統派のインディアンは突発的な交通事故などを装って、どんどん殺されているそうです。もともと戸籍はありませんし、警官は白人なので、誰も罪に問われることはないそうです。

無茶苦茶《むちゃくちゃ》にインディアンを虐殺していった西部開拓時代は、まだ一部では続いているのです。これはアメリカの話ですが、他の国でもほぼ同様です。

そのイヌイットも、息子は白人に殺されたんだし、みずからも殺されかけたのだ、というのがサンダンスに出ていた全員のコンセンサスでした。これが先住民の常識です。

彼は、ピアスの儀式はしなかったのですが、義足で踊るので、たちまち両足とも血だらけになってしまいます。長老は会場に椅子を持ってこさせ、「お前は踊らなくていいからここに座っていろ」と言うのですが、彼はまた立ち上がって踊りながら血だらけになります。それが何回もくり返されました。

血だらけになっても踊らざるを得ないほどに葛藤が強く、怨念《おんねん》が積みあがっていたのでしょう。

サンダンスのピアスの儀式は、このようなやり切れない先住民の怨念を少しでも発散させる、という意味づけもあるように、私には思われます。サンダンスが、日本の盆踊りとはまったく違って、強い祈りと鬼気迫る空気を醸《かも》し出しているのは、このような葛藤と怨念が背景にあるためです。

本書の第2章で、若い日のウイリアム・コマンダ大長老が白人への憎しみを超越して感謝の祈りを実行して、末期癌から回復した話を紹介しました。それは、単に「憎しみ」といえるような生易しいものではなく、とてつもなく激しい怨念を超えなければいけなかった、ということをご理解ください。

インディアンの「感謝の祈り」というのは、このような激しい怨念を抱えているなかで、なおかつそれを超越して、すべての生きとし生けるもの、植物、鉱物に感謝をささげる、という極限的な祈りです。

本書でお伝えしている「感謝の祈り」には、このような深くて重い背景があるのです。

# 第６章
# 突然「怖れ」が消えた！

## 日本部族の長老として

サンダンスは、もともとはラコタ族の風習でしたが、長年法律で禁止されていました。インディアンをよきアメリカ人として教育・洗脳する、極端な同化策のなかで、インディアン精神を鼓舞《こぶ》するような伝統の多くを禁止する政策が取られていたようです。

「1987年に、公民権運動の一環として、ようやく同化政策が少し緩み、サンダンスなどの伝統的な儀式が解禁され、子どもたちにインディアンの伝統を引き継ぐことが許されたのだ」とインディアンたちは言っております。

それからホワイト・バッファロー・カウフ・ウーマンが伝えてくれたラコタ族のさまざまな儀式が、広く他の部族でも実行されるようになったようです。いまでは多くの部族にサンダンスが広まっており、毎年8月の満月の同じ時期に全米各地で実行されています。

セクオイヤが参加したのは、ミネソタ州の小さな町、パイプストーンでおこなわれるラコタ族のサンダンスでした。これは、さまざまな部族のインディアンたちが大勢集まり、全米各地のサンダンスの中心的な役割を担っているようでした。

「聖なるパイプ」の火皿の部分は赤い石でできています。その石がパイプストーンであり、全米では、この町でしか採れません。

インディアンの神話によれば、人類はいままでに3回滅びており、今回は4回目の世界なのだそうです。前回、世界が滅びるときに粛々《しゅくしゅく》と死んでいったインディアンの血が固まったのがパイプストーンなのだ、と言います。

セクオイヤからは、「世界長老会議」を開くのでサンダンスの3日前に来てくれと言われ、私と作家の桐島洋子さん、マハーサマディ研究会の事務局の3

人の女性の合計5人でパイプストーンを訪れました。

会場は、見渡すかぎりインディアンのティピ（三角形のテント）が立ち並び、上半身裸のインディアンたちが行き交い、まるで西部劇の映画のワンシーンに入り込んだようでした。

ところが、長老会議なるものは開かれる気配はなく、セクオイヤが私を引き連れてアパッチ族とかナバホ族とか、西部劇で聞いたような名前の部族の、ほとんどすべてのティピを訪れ、長老たちに私を紹介しただけでした。

そのとき私は、**「日本部族の長老のひとり（One of the elders of Japan Tribe)」**として紹介されました。あとから振り返ると、これは私に「聖なるパイプ」を授ける、ということのインディアン社会に対する根回しだったと思います。

残りの時間、私たちは会場の設営を手伝いました。

パイプストーンのサンダンス会場。多くのティピが立ち並ぶ広場から、ハンマーを持って作業に向かう天外

## 聖なる伝統を引き継いだ瞬間

サンダンスの前日、セクオイヤは突然私に「聖なるパイプ」を授ける、と言い出しました。最初はなんのことだかわかりませんでした。なんのトレーニングも受けておらず、セドナで1週間一緒に過ごしただけの私が、インディアン社会の長老になるなどということは、常識的に考えたらあり得ないことです。

このときセクオイヤのゲストは、私たち日本人5人のほかに、ハーバード大学医学部教授（精神科医）のジョン・マック（1927〜2006年）とその仲間、グァテマラのインディオなど計9人でした。

ジョン・マックは、映画『アラビアのロレンス』のモデルになったT・E・ロレンスの伝記を書いてピューリッツァー賞を獲ったことがある有名人です。

セクオイヤは、私のために新しいパイプを用意してくれておりました。火皿の赤い石にはバッファローの彫り物がしてある、50センチくらいの立派なパイプでした。

セクオイヤのティピのなかで、彼とゲストが円陣を組み、パイプセレモニーが始まりました。いつものパイプセレモニーとほとんど同じでしたが、最後に新しいパイプにも火をつけ、2つのパイプをクロスしてセクオイヤと私で喫《の》み合うという儀式が入りました。

「インディアン社会に長らく伝わってきた聖なる伝統を、私はいまお前に引き継ぐ。これは祈りのツールであり、原爆より強力だ。迂闊《うかつ》な祈り方をすると、とても危険だ。これからは身を慎み、言動に注意し、〝赤い道〟をしっかり歩いていくように。〝パイプホルダー〟というのは、祈りで奉仕することがお役目なのだ。祈りは、自分のためにしてはならない。

みずからの心の平安（stillness）を保ち、すべての親戚たち（注：Relatives＝母なる大地が生み出してくれた、すべての動物、植物、鉱物を指す）の平安と繁栄のために祈るのだ。

これを持って祈るとき、お前の祈りの言葉は全部実現する。だがお前は、祈りが実現するということが、いかに危険かを知らねばならない。迂闊に何かの実現を祈ってはいけない。これを持って祈るとき、感謝の言葉以外を口にしてはならない」

パイプの祈りで感謝の言葉以外を口にしない、というのはセクオイヤがその昔、モホーク族の長老から「聖なるパイプ」を授かったときにも言われており、彼はそれをかたくなに守ってきたといいます。

第2章で紹介したウイリアム・コマンダ大長老の祈りも感謝の言葉だけです。しかしながら、インディアンの長老が全員そうかというと、けっこうえげつない祈りをする人もいます。たぶんこれは、長老たちのなかのひとつの流派なのでしょう。

前記のセクオイヤの言葉は、ティピが立ち並ぶサンダンス会場で、厳粛な儀式のなかで言われたときにはけっこう重く、心に響きました。しかしながら、しばらくたって冷静に振り返ると、とても信じられるような話ではありません。

近代文明社会の常識に毒されていると、小さなパイプが原爆より強力だとか、祈りの言葉が全部実現するなど、とても信じられず、単なるインディアンの御《お》伽噺《とぎばなし》としか思えなくなってきます。

このときはまだ、この話と第2章で紹介した1997年にウイリアム・コマンダ大長老が述べた言葉（P46）との関連性には気づいていませんでした。

正直言って私は、インディアンの御伽噺を面白半分に実行する、誠に不真面目な「祈り人」として「パイプホルダー」のキャリアをスタートさせました。

## パイプを手にすると「怖れ」が消えた

「聖なるパイプ」を拝領した直後、ちょっと不思議なことがありました。

じつは、その翌月（2000年9月）、日本で第7回フナイ・オープン・ワールドが開催され、私はジョン・マック教授と2人で、2000人の会場の壇上から2時間の対談セッションをやることになっていたのです。

テーマは「アブダクション（誘拐）」。

宇宙人に連れ去られた人のカウンセリング記録を書いた教授の同題の著書がアメリカでベストセラーになっており、翌月には日本語訳が発売される手はずになっていたのです。

私は、UFOは何度も目撃しておりましたが、遠くでランダムに動く光の点を見ただけで、大した体験はしておりません。ましてやアブダクションは、まったく未知であり、想像もつきません。

当然のことながら、規模が大きい舞台でハーバード大学の教授と、このテーマで対談することに、大きな不安を抱えておりました。このサンダンスにジョン・マック教授が参加すると聞いて、「よし、それなら4日間で徹底的に打ち合わせをしよう」と決心して乗り込んできたのでした。

ところが、「聖なるパイプ」を拝領したあと、私はその打ち合わせがまったく必要ないことがわかりました。まさに、「わかった」としか言いようがないほど明確に感じられたのです。私はすぐに、ジョン・マックに話しかけました。

「ジョン。来月のフナイ・オープン・ワールドのことだけど、何の準備もせずに、2人でいきなりステージに立って、なにが起きるか見てみようじゃないか」

それまでは綿密に打ち合わせようといっていた私が、突然そう言ったので、ジョン・マックはちょっと驚いた様子でしたが、了承してくれました。

「そうか、それも面白そうだね！」

2人のやり取りを聞いていたセクオイヤが、突然、みずからのアブダクション経験を語り始めました。UFOに吸い上げられ、はるかに地球を眺め、別の天体まで行ったというのです。

実体験だったのか、単なるビジョンだったのかは、はっきりとはわからないのですが、こんな身近にアブダクション体験者がいたのです。

私はセクオイヤに、翌月日本に来て、フナイ・オープン・ワールドで一緒にステージに立つことを要請しました。

翌月のフナイ・オープン・ワールドでは、セクオイヤはイーグルの羽を持って長老として厳かに語り、3人の鼎談はとても盛り上がりました。聴衆にもご満足いただけたと思います。

## 「怖れと不安」から「無条件の愛」へ

さて、サンダンス会場で私が「聖なるパイプ」を拝領したあと、突然ジョン・マックとの打ち合わせが不要に感じた話を書きました。

そのときには気づかなかったのですが、これは心理学的に言うと、私に大きな意識の変容が起きた証拠です。

世の中ではあまり知られていませんが、いま、ほとんどの人は「怖れと不安」のエネルギーにドライブされた人生を歩んでいます（第9章で概説いたします）。未来に対する怖れがあるので、綿密に準備をし、計画や目標をつくってそのとおりに進めようとします。

「怖れと不安」を克服するために必死に努力をし、能力を伸ばし成果を上げていきます。「怖れと不安」を投影して敵をつくり、戦いの人生を歩んでいきます。

あらゆる人のあらゆる行動が、掘り下げていくと、そのベースに「怖れと不安」が見えてくるのです。

いま人類は、何千年と続いた「怖れと不安」のエネルギーをベースにした行動様式を離れて、**「無条件の愛」のエネルギー**をベースに行動する意識レベルへと変容しようとしております。

この変容を心理学では「実存的変容」と呼んでいます。

最近ではこの変容を、私は**「人類の目覚め」**と呼んでいます（並木良和・天外司朗共著『分離から統合へ…「人類の目覚め」を紐解く二つの切り口』［ナチュラルスピリット］または拙著『実存的変容…人類が目覚め、ティールの時代が来る』［内外出版］などをご参照ください）。

ジョン・マックとの打ち合わせが不要になったと感じたのは、私の「怖れ」がなくなったことを意味しており、「実存的変容」への一歩を踏み出したのは確かでしょう。

「聖なるパイプ」を拝領したことと、「実存的変容」への一歩を踏み出したことがどう関係していたのかはよくわかりませんが、これは私にとってはとてもラッキーだったと思います。

# 第7章 圓通寺での「パイプセレモニー」

## 臨済宗のお寺でパイプセレモニー

「聖なるパイプ」を拝領した翌年の２００１年2月、京都の圓通寺《えんつうじ》で「パイプセレモニー」をおこないました。

圓通寺は、後水尾天皇《ごみずのおてんのう》が隠居場所を求めて12年間、京都中を探してようやく見つけた場所で、土地のエネルギーが高いうえに比叡山の姿が最も美しく見えます。天皇が亡くなってから遺言によって臨済宗のお寺になり、以来、皇室の祈願所になっています。

ところが、都市計画で道路ができることになり、マンションの建設が計画されていました。マンションの施主が、市の都市計画の後ろ盾《だて》にもなっていたようです。そうなると、比叡山の借景が台無しになります。

和尚さんが必死になって、京都市やマンションの施主と交渉してきたのですが、現行法のもとでは、なんともなりません。

たまたま、学生時代に圓通寺で坐禅を学んでいたマハーサマディ研究会（現：ホロトロピック・ネットワーク）の会員さんがそれを聞きつけ、「なんとかなりませんか？」と私に訴えてきました。

私は、「政治的な運動のお手伝いはできませんが、お祈りならできます」と言って、前年に「聖なるパイプ」を拝領したことを説明しました。

祈りのプロである仏教の僧侶のところに押しかけていって、「祈ってあげましょう」と言うのは、誠にとんちんかんなお願いです。しかも、正統的な宗教ではなく、怪しげなインディアンの祈りなのです。私はたぶんダメだろうな、と思っていました。

ところが、結論的にはパイプセレモニーを実行する運びになりました。その会員さんが和尚さんと、どういう交渉をしたのかはわかりません。

当日、20名ほどの会員さんと圓通寺を訪ねました。私たちが通されたのは、ほんとうに比叡山の借景がきれいな素晴らしい部屋でした。

和尚さんからは、「9時になると観光客が来ますので、それまでに終えてください」と言われました。なんとなく、早く厄介払いをしたい、という雰囲気を感じました。もうすでに8時半を過ぎていました。

パイプセレモニーはさまざまな小道具が必要で、まずそれらを並べました。全員がパイプセレモニーなど聞いたこともないので、ホワイト・バッファロー・カウフ・ウーマンの神話から説明して、サンダンスで「聖なるパイプ」を拝領して、ここでどういう祈りをするのか、いままでの経過をお話ししました。

たちまち9時を過ぎてしまいました。

## 人生の流れに戸惑いながら

どやどや、と観光客が入ってきて、「あ、なんかやってはるわっ！」と、たちまち黒山の人だかりになってしまいました。

このとき私は、まだソニーの現役の役員。犬型ロボットＡＩＢＯが大ヒットして、そこそこ世の中では知られた存在でした。でも、観光客から見れば、怪しげな儀式をしている、とんでもなく怪しいおっさんでしょう。

「なんておかしな人生になったんだろう……」

私は心の中で苦笑してつぶやきました。やめるわけにもいかないので、セレモニーは続きます。

「火気厳禁」と大きく壁に書かれたなかで、もうもうとセイジ（インディアンの香木）を焚き、ドラムのリズムとともにパイプ・フィリング・ソングを歌って、パイプにタバコを詰めます。心のなかのつぶやきは続きます。

「……一生懸命技術を追求して、社会のなかではそれなりに成功を収めてきた。それなのに、どうしたわけか、ここできわめて怪しげな儀式をやって、観光客の興味本位の見世物になっている……」

観光客たちからすれば、とてもめずらしいショーに見えたのでしょう。そこにいらした皆さんは興味津々であり、私語が多く、厳粛なパイプセレモニーからは程遠い雰囲気になっています。

ところが、パイプを捧げて大声で祈りの言葉を唱え始めると、観光客の私語がぴたりとやみ、厳粛な祈りの雰囲気になりました。観光客全員が祈りに参加してくれた感じなのです。

じつは、パイプセレモニーというのは、祈り手がひとりで祈るよりは、大勢が祈りに参加してくれると効果が高まります。霊感が高い複数の人から、私がパイプセレモニーをやるたびに、インディアンの長老のスピリットが大勢参加している、と言われました。

私はしだいに、そういう目に見えないスピリットたちや、動物、植物、鉱物も祈りに巻き込むことを覚え、それにつれて祈りが強力になったような気がします。

２００１年２月の時点では、まだそういうノウハウは身につけていなかったのですが、たまたま観光客を巻き込むことに成功したので、祈りが強力になったのだと思います。


祈りは、最初にモホーク族の基本の祈りを３回唱え、ここで素晴らしい仲間とパイプセレモニーができることを感謝し、母なる大地と彼女が生み出してくれたあらゆる兄弟たち、動物たち、植物たち、鉱物たちに感謝をします。ここまでが、インディアンの祈りの定型文です。それから、その日の祈りのテーマに入ります。

「創造主よ。ここに比叡山の素晴らしい借景があり、エネルギーの高い場があることを感謝します。この素晴らしい場所で、いままで大勢の人が悩みを癒し、怒りを鎮め、心の平安が得られたことを感謝します。そして、これから何年も何年ものあいだ、ここを訪れる大勢の人たちがここに坐り、悩みを癒し、怒りを鎮め、心の平安を獲得していけることを感謝します」

このあとは、祈りができたことに感謝し、聞いていただけたことに感謝し、モホーク族の基本の祈りを3回唱えてパイプセレモニーを終わります。最後に瞑想をして、般若心経を唱えて終了しました。この祈りの意味は、このあと解説します。

般若心経がよかったのか、和尚さんはとてもご機嫌がよく、しばらく楽しく談笑できました。

## 祈りが通じて実現した出来事

この圓通寺でのパイプセレモニーから6年たったある日、私はふと目にした新聞記事に「圓通寺」という文字を発見しました。引き込まれて読むと、京都市に名刹《めいさつ》が大切にしている借景を妨げるような建造物を禁止する条例ができて、例として圓通寺の比叡山の借景の話が書いてありました。

「へーっ！」……というのが、そのときの私の感想でした。「あの和尚さんの熱心な政治活動が実ったんだ！」という感じです。

迂闊《うかつ》なことに、私自身はパイプセレモニーの祈りが実現したのだとは、毛頭思いませんでした。だから、新聞も読んだら捨ててしまいました。

パイプセレモニーをやった時点で、私は師匠のセクオイヤに言われたとおりに忠実に感謝の祈りを捧げましたが、正直いって面白半分の遊び感覚で、ほんとうに実現するとは本人も信じていなかったのです。

その時点では、和尚さんが熱心に政治活動をなさっていましたが、行政側が固く、にっちもさっちもいかないという嘆きを聞いておりました。それを、ちょろちょろっとパイプセレモニーをやったくらいでひっくり返るとは思わないのが常識です。

ところが、それから時間が経つにつれ、「ひょっとすると、あの祈りが実現したのかもしれないなぁ……」という思いが湧いてきました。

それから、インターネットで調べると、「京都市眺望景観創生条例」という法案が2007年2月に市議会にかけられていたことがわかりました。圓通寺の借景だけでなく、送り火で知られる五山への眺めや、世界遺産に登録されている下鴨神社の境内での眺めなど、38地点が対象になったようです。

ともかく、和尚さんが心配していた比叡山の借景が台無しになる、という事態は回避されたようでした。

祈りとは関係なく、和尚さんの長年の活動が実ったのか、少しでも祈りの影響があったのか、これはいくら調べてもわかるような話ではありません。

しかしながら現在では、これはパイプセレモニーでの祈りが実現されたのだ、と私は確信しています。なぜなら、そのあと同じようなケースを何度も何度も経験しているからです。

第2章で、「感謝の祈りほど強力な祈りはない」と述べましたが、その背景には、このような体験があるのです。

この圓通寺でのパイプセレモニーが、私にとって特に印象深いのは、「感謝の祈り」が強力であることを実感した最初の体験だったからです。

さて、それでは前述の圓通寺における祈りの言葉を、もう一度載せて、紐解きをしてみましょう。

## 感謝の言葉以外は口にするな

「創造主よ。ここに比叡山の素晴らしい借景があり、エネルギーの高い場があることを感謝します。この素晴らしい場所で、いままで大勢の人が悩みを癒し、怒りを鎮め、心の平安が得られたことを感謝します。そして、これから何年も何年ものあいだ、ここを訪れる大勢の人たちがここに坐り、悩みを癒し、怒りを鎮め、心の平安を獲得していけることを感謝します」

ここで、「マンションができませんように」という祈りは、いっさいしていないことに注意してください。

第1章で述べたように、「宇宙の流れ」をコントロールするような祈りはしないのです。**「パイプを持ったとき感謝の言葉以外は口にするな」**というセクオイヤの教えは忠実に守りました。

同じ感謝の祈りでも、「望む結果が出たという仮定の下で感謝の言葉を祈りなさい」という指導をする人をけっこう見かけます。このケースでは、「マンションができませんでした。ありがとうございました」という祈りに相当します。私の見解としては、これは感謝の言葉を借りて「宇宙の流れ」をコントロールしようとする意図が見え見えなので、お薦めできません。

先に述べた私の祈りは、ちょっと似ていますが、マンションができるかできないかはいっさい言及していないことにご注意ください。単に、将来ともども、ここで人々が心の平安が得られることに感謝しているだけです。

もちろん、借景が保たれて場のエネルギーが高いほうが心の平安が得やすいでしょうが、マンションができても心の平安が得られる人はいるでしょう。具体的な結果に対して、でき得るかぎり執着を手放した祈り、というのがコツなのです。

「こうなってほしい！」という祈りは、なかなか実現しませんし、実現したとしても歪《ゆが》みが残ってしまいますが、逆に結果に対する執着を手放した祈りは、かえって望んだとおりの結果につながります。インディアン流の「祈りの神髄」はとても奥が深いのです（第12章でその原理を述べます）。
その究極の「祈りの神髄」が、第2章で紹介したウイリアム・コマンダ大長老の言葉に凝縮されています。

**すべてに感謝していると、**
**やがて感謝すべきことしか起こらなくなる！**

# 第8章 アイヌの英雄シャクシャインの御霊に祈る

## アイヌに伝わる歴史的な事実

２０１６年5月29日、北海道新冠町《にいかっぷまち》の判官岬《ほうがんみさき》展望台で、私は50人の仲間とともにパイプセレモニーを実行しました。これは、それまで16年の経験のなかで特別に重い祈りになりました。

というのも、単なるインディアン流の「感謝の祈り」ではなく、はるか昔に虐殺されて重い怨念《おんねん》を抱いたまま、いまだに成仏していない御霊に祈ったからです。

詳しい話は省略しますが、はるか昔には日本中にアイヌ民族が住んでおり、我々大和民族が戦って北海道まで追い上げていった隠された歴史があります。そのとき虐殺されたアイヌの怨念が、日本各地で封印されており、そこには神社が建てられ、あるいは戸のつく地名（神戸、水戸など）として残っている、ということがわかりました。

これは、戦いに勝った大和民族側が厳重に隠蔽《いんぺい》したために、世の中ではほとんど知られていませんが、アイヌの口承史やアイヌ語の地名をたどると、推定することができます。

たまたまそれを知った私が、アイヌの女性長老、アシリ・レラさんと真言宗の口羽秀典和尚と一緒に封印された怨念を解いて回る「日本列島祈りの旅」を企画しました。

アシリ・レラさんのたっての要望で、その最初の祈りを、アイヌの英雄シャクシャインとアイヌを助けて火あぶりになった日本人、越後庄太夫の御霊に捧げることになったのです。

1669年6月から始まったシャクシャインの乱は、アイヌ民族と大和民族（松前藩）との最後の大規模な戦いになりました。大和民族側に伝わっている歴史とアイヌの口承史は大きく食い違っていますが、最後に松前藩との和平の宴席で、シャクシャインが毒殺されたことは両者とも認めています。１６６９年11月16日のことです。その宴席が開かれていたのが、新冠町の判官岬に当時あった松前藩の館でした。

和平の宴席で毒殺するというのは、この例だけでなく大和民族側が頻繁《ひんぱん》に使ってきた手段であり、「大和民族は汚い」と、アイヌ側は大きな恨みを抱いています。

越後庄太夫は、大和民族の鷹匠《たかじょう》でしたが、大怪我をしたときアイヌに助けられたことがきっかけで、アイヌ・コタン（村）に出入りしてアイヌ語が堪能になり、この日は通訳を務めておりました。大和民族側の歴史では、シャクシャインの娘をめとっていたといいますが、アイヌ側の伝承では、単なる恋人だったそうです。

シャクシャインとその仲間が虐殺されたとき、越後庄太夫は早馬を送ってアイヌ・コタン（村）に変事を知らせ、「松前藩の襲撃があるので全員逃げるように」と伝えました。これは、結果的には何百人ものアイヌの命を救いました。怒った松前藩は、越後庄太夫を生きたまま火炙《ひあぶ》りの刑に処しました。それもこの判官岬でした。大勢のアイヌの命を救った越後庄太夫は、アイヌ社会では神として祭られています。

## 判官岬での祈りの儀式

判官岬での祈りの前夜、宿でシャクシャインや越後庄太夫の最後の様子をアシリ・レラさんが語ってくれました。アシリ・レラさんは、アイヌ・ユーカラ（叙事詩）の語り部であり、語りはとても迫力があります。

シャクシャインが毒殺され、首をはねられるシーンは、まさにアイヌ民族全体の無念さがにじみ出ていました。
越後庄太夫は、崖の上の柱に括《くく》りつけられ、足元に焚き木が山のように積まれました。火炙りの準備が着々と進んでいます。崖の下からは、大勢のアイヌたちが越後庄太夫を助けようとして登ってきます。
越後庄太夫が、アイヌ語で怒鳴ります。

「来るなーっ！　来たら全員殺されるぞーっ！　アイヌは命を惜しめ！　俺はここで生きたまま焼かれても、死ぬことはない。ここにとどまって、何年も何年もアイヌを守る！　俺がほんとうに死ぬときには、日輪が出て、そのなかを鷹が飛ぶだろう！」

そのとき、越後庄太夫を助けようとしたアイヌは30人くらい殺されたそうです。でも、この越後庄太夫の最後の言葉が残っているということは、生き残ったアイヌもいたのでしょう。それから、317年にわたって、この言葉はアイヌのあいだで語り継がれてきました。

この話を聞いていたので、翌日、私たちはとても厳粛な気持ちで判官岬に向かいました。祈りの旅の参加者だけあって、このときの50人のなかには霊感が強い人がかなり多くおりました。

駐車場から判官岬展望台までは、ところどころで海が見える緑深い約1キロメートルの道。天気は快晴、初夏の微風が快く頬を撫《な》でます。ところが何人かが、悲鳴に似たうめき声をあげました。とても強い邪気を感じるというのです。

317年も経っているのに、シャクシャインや越後庄太夫、そしてそのときに殺された大勢のアイヌの怨念が、いまだに渦巻いているのでしょうか。

海から切り立った高い崖の上、とても風光明媚な場所で祈りの儀式が始まりました。

最初に、焚火の脇にイナウ（神おろしのために白木を削ったアイヌの祭具）を立て、アシリ・レラさんがアイヌの祈りを捧げます。

次が私によるパイプセレモニーです。50人が円形に並び、アワビの貝殻の上で炊いたセイジ（インディアンの香木）を回して、煙で全員を清めます。

セイジが回っているあいだに、私がいろいろなお話をします。いつもなら、ホワイト・バッファロー・カウフ・ウーマンの神話の話や、アメリカ独立のときにインディアンの民主主義統治の手法を大量に取り入れた話などが多いのですが、この日は、なぜか圓通寺でのパイプセレモニーの話になりました。

それから、パイプ・フィリング・ソングを歌って、パイプにタバコを詰め、しばらくのあいだ瞑想をします。そのあと祈りを捧げ、口羽和尚の先導のもと、全員で般若心経を唱えながらパイプの回し喫みをします。

そのあいだは、私がケーナ（南米の民族楽器）を演奏しました。

判官岬展望台におけるパイプセレモニー。パイプを回し喫みしている間、全員で般若心経を唱え、天外がケーナを吹く。楽器は南米の民族楽器だが、メロディーは純日本調の即興演奏。アイヌの服装で立っているのが天外伺朗。その左がアシリ・レラさん。右が口羽和尚

## とてつもないエネルギーに包まれて

祈り始めてすぐに、私はなにか大変なことが起こっていることに気づきました。アワビの貝殻の上でセイジを焚いているのですが、その下に敷いてあるハンドタオルがぶすぶすと燃え出したからです。貝殻とタオルのあいだには、カウアイ島で拾った大きなサンゴがはさんであり、物理的にはタオルが燃えることはあり得ません。

なにかとてつもない大きなエネルギーが、この祈りの場に到来していることは間違いありません。でも、私はパイプを捧げて祈っており、火を消すこともできません。結局、ハンドタオルは全部灰になり、その下に敷いてあった赤い布には大きな穴が開きました。

あとからの解釈ですが、この火は越後庄太夫を生きたまま燃やした火だろう、ということでした。

私の祈りが始まって間もなく、アシリ・レラさんが、「あ、祝詞《のりと》が聞こえる」とつぶやきました。私には聞こえません。

あとから聞いた話ですが、越後庄太夫は火炙りになっているあいだじゅう祝詞を唱えていたのだそうです。この日の出席者のなかで、少なくとも8人が祝詞を聞いています（全員女性）。なかには崖の下からスピーカーで怒鳴っていると思ったほど大きな声が聞こえた人もいました。

彼女たちは、越後庄太夫が火炙りになったときに祝詞を唱えていたことは、事前に聞かされてはいませんでした。

火炙りになったときに唱えていた祝詞が、317年の時を超えて、祈りの最中に再現される……とても常識ではありえないことですし、科学的な説明もできませんが、これは事実です。ただし、物理的な現象ではなくスピリチュアルな現象である証拠に、霊感のある人にしか聞こえませんでした。

アシリ・レラさんをはじめとする複数の見える人の証言によると、越後庄太夫は祈りが始まると、すぐに祝詞を唱えながら昇天したようです。

祈りがたけなわになった頃、アシリ・レラさんが私を遮りました。

「いま、シャクシャインが出て来ているんだけど、天外さんの祈りがわからないと言っている……」

それからしばらくのあいだ、アシリ・レラさんがアイヌ語でシャクシャインの霊に語りかけました。結果的には、この説得によってシャクシャインは成仏したようです。

一般に、祈りは言語を超越しています。

私がインディアンの霊に日本語で祈っても、ちゃんと通じます。

この日、シャクシャインの霊が、私の祈りがわからないといったのは、日本語がわからなかったわけではなく、インディアン流の抽象的な表現がうまく解釈できなかったのでしょう。これ以来私は、なるべく具体的な表現を使うように心がけています。

## 仏教の常識を超えたパイプセレモニー

パイプセレモニーが終わって、口羽和尚の施餓鬼《せがき》供養の番になりました。

「一応、施餓鬼供養もやりますかね……」

私は、なぜか投げやりの雰囲気を和尚の言葉に感じて、「あれっ？」と思いました。あとから聞くと、越後庄太夫もシャクシャインもパイプセレモニーで上がってしまい、施餓鬼供養のターゲットがなくなったと感じられたようでした。実際には、シャクシャインとともに殺された多くのアイヌの地縛霊がまだ残っており、施餓鬼供養は必須でした。

祈りの儀式が終わって駐車場のバスに戻ったとき、口羽和尚からとんでもない申し出を唐突にいただきました。なんと島根県の彼のお寺、吉祥山延命寺でパイプセレモニーをやってくれというのです。

このオファーが、いかに仏教界の常識を逸脱しているかは、一般の方にはなかなかご理解いただけないかもしれません。

口羽和尚は、真言宗の「虚空蔵菩薩求聞持法」という修法を成就された正統派の僧侶です。一方のパイプセレモニーというのは、様式もはっきりとは決まっておらず、長老がその場の思い付きで祈るという、とても原始的なインディアンの祈りの儀式です。どこからどう見ても、仏教の祈りのほうが格上です。

おそらく口羽和尚は、パイプセレモニーの最中にシャクシャインも越後庄太夫も上がっていったことに驚かれたのでしょう。たしかに、アイヌが317年にわたって熱心に祈っても上がらなかった強固な怨念を抱いていた霊が上がるというのは、すごいことです。

私自身もその後、時間が経過するにつれ、そのすごさを実感するようになっていきました。

もうひとつには、祈りの直前に私がお話しした圓通寺のエピソードの影響もあったと思います。口羽和尚も島根県のいまの場所における吉祥山延命寺の役割を模索しておられたのだと、あとから聞きました。

口羽和尚の吉祥山延命寺におけるパイプセレモニーは、その年の10月に実行されましたが、それが次の大きな祈りのドラマにつながる展開のきっかけになりました。

じつは、チャネリング情報にもとづき、島根県の潜戸という場所で出雲王朝より前の時代に虐殺されたクナト姫という美しい女性と、その仲間の供養を2016年と17年の2年にわたって実行しました。この供養が、「日本列島祈りの旅」全体の活動の要《かなめ》になる、という情報でした。

この2年にわたる祈りのワークは、私の「祈り人」としての人生に大きな影響を与えましたが、本書では記述を省略します。詳細は拙著『クナト姫物語日本列島祈りの旅2』をご参照ください。

## 鳥が教えてくれた確信

さて、話を判官岬の祈りに戻しましょう。

祈り終えた私たちは、越後庄太夫の遺体が投げ捨てられたという崖下の海岸でふたたび祈りました。シャクシャインの娘もこの崖に身を投じて亡くなったそうです。

その後、バスで20分ほどのシャクシャイン記念館に移動。先に乗用車で到着していたアシリ・レラさんは、我々が到着したときには祈りを終えられており、がっくり疲れた様子でシャクシャインの銅像の前で座り込んでいました。

シャクシャインの銅像の前で記念撮影。この銅像は、いまは建て替えられている

おりしも、5～6羽の鳥がバタバタと飛び立ちました。アシリ・レラさんは、羽音を聞いただけで、振り返りもせずに大声で、「鷹だ！」と叫びました。おそらく、前夜に話した越後庄太夫のいまわの言葉が実現したと思ったのでしょう。現実に、判官岬での祈りでは、祝詞が聞こえており、鷹が飛び、日輪が出ても不思議ではありません。

ところが、そのうちの1羽が「カア……」と鳴いたのです。私は危うく吹き出しそうになりました。まだこの時点では、越後庄太夫が火炙りになったときに祝詞を唱えていたこと、祈りの最中に、参加者の8人に祝詞が聞こえていたことは、私には伝わっておらず、祈りが成就したという実感はまったくありませんでした。

前夜の越後庄太夫の予言も、御伽噺《おとぎばなし》として聞いており、実現するなどとはほども思っていませんでした。

ところが、しばらくすると太陽のまわりに環状の虹（日輪）がかかり、そのなかを数羽の鳥が飛び始めました。それでも私は疑り深く、鳥はトンビではないかとフェイスブックに写真を挙げて鑑定を依頼しましたが、まぎれもなく「鷹だ！」ということでした。

なんと、前夜に聞いていた話が、そっくりそのまま実現したのです。この話といい、祝詞の一件といい、ちょっと背筋が寒くなるような話ですが、シャクシャインも越後庄太夫も見事に成仏したという確信につながりました。

シャクシャインの銅像の後ろに環状の虹（日輪）がかかり、鷹が飛びました。前夜にアシリ・レラさんが語った越後庄太夫のいまわの言葉が、ほんとうに実現したのです

## なぜ祈る役割が巡ってきたのか？

アイヌが300年以上にわたって熱心に祈って上がらなかったのに、私たちの祈りで2人の御霊が上がったというのは、なんとも不思議なことです。私は、「どうしてなんだろう？」という疑問が頭から離れませんでした。

単に「祈りの力」だったら、明らかに私よりアシリ・レラさんのほうが上です。なにかそれ以外の合理的な理由があるに違いない、というのは研究者出身の私にとっては避けられない課題でした。

数か月が経って、だいたいの理由が推察できました。

アイヌが祈ると、どうしても怨念《おんねん》を上塗りしてしまうのかもしれません。自分たちも大和民族に対して深い怨念を抱いており、地縛霊の怨念と共鳴してしまうでしょう。その怨念から離れないと成仏できないのですが、祈り手が怨念を抱いていると、それは望めません。

おそらく、この３１７年間で大和民族が50人も来て祈ったのは初めてでしょう。先住民の封印された怨念を解く、という仕事は民族の和解であり、大和民族に課せられた宿題だったのです。

啓示を受けて、わけもわからずに「日本列島祈りの旅」を始めてしまったのですが、まったく霊感のない私ごときに、なぜこの役割が巡ってきたのか、ようやく納得しました。

２０１９年5月28日、チャネラーの並木良和さんと私とのジョイント講演会が、東京青山の「東京ウイメンズプラザ」で開かれました。こちらからはなにも言わないうちに、並木さんからこのことを指摘され、チャネリング情報からも確認が取れた感じです。

以下に、並木良和、天外伺朗共著『分離から統合へ：「人類の目覚め」を紐解く二つの異なる切り口』より、その部分を引用します（以下引用）。

並木：まず大事なことは、天外さんがシャーマンなんですよ。

天外：俺はシャーマンじゃないけれどもな。

並木：そう、シャーマンなんですよ。天外さんの後ろに見えている方というのがシャーマンなんですね。それで、〝執りなし〟を行っているというふうに。

天外：執りなし？

並木：執りなしです。つまり、部族と部族の執りなしにあなたは行っている、というふうに僕に伝えてきています。なので、簡単にいうと、〝詫びを入れに〟行っているんですね。部族とのあいだを調和させるために、和解させるためにつなぎに行っているというのが、僕の後ろ（にいる存在たち）に聞くとやってくる答えです。

天外：ああ、なるほどね。それは、結構納得だな。クナト姫の供養より前の話だけど、2016年にアイヌの英雄シャクシャインの霊が、317年ぶりに僕のパイプセレモニー（注：アメリカン・インディアンの祈りの儀式）で上がってきてびっくりしました。でも、確かに僕が大和民族だから上がったのかもしれないな、と自分でも思っていました。アイヌが300年間熱心に祈っても上がらなかったのにね。大和民族が詫びを入れた感じになったのかもしれない……。和平の宴席で、だまして毒殺しているからね（注：『日本列島祈りの旅1　先住民の叡智を学び、アイヌの英雄シャクシャインの御霊の封印を解く』参照のこと）

# 第9章 問題解決の「天敵瞑想」

## 祈りの真髄を人生に活かす

インディアンの深淵な祈りの神髄と、私のパイプセレモニーの体験を2例お話ししました。パイプセレモニーの神秘的な体験は、まだいくらでもありますが、だいたい似たり寄ったりなので本書では省略します。

ここまでは、読者から見ると、自分とは関係ない遠い世界の話のように感じられたかもしれません。日本社会の文化とはかけ離れたインディアンの祈りだったり、はるか昔の怨念を解く話だったりしたからです。

本章では、この祈りの神髄を、あなたの人生にどう活かしていけるのか、という視点から、まえがきや第1章で触れた「天敵瞑想」についてお話ししましょう。これは、問題解決のための瞑想法であり、「祈り」とは若干ずれていますが、基本的なフィロソフィーはまったく同じです。

「四苦八苦《しくはっく》」という言葉がありますね。仏教では、人間としての基本的な苦しみは「生・老・病・死」の4つであり、そのほかに付随的な苦しみが4つ、合計8種類の苦しみがある、と教えています。

その付随的な苦しみのひとつに「怨憎会苦《おんぞうえく》」つまりどうしても嫌な人、反《そ》りの合わない人と出会わなくてはいけない、というのがあります。

2500年前の仏教発祥の頃から、人々は常に「嫌な人」に囲まれて生きてきたのでしょう。

あなたもおそらく、「嫌な人」の1人や2人、すぐに思いつくはずです。あらゆる人間集団は、人々の「好き」と「嫌い」のはざまのなかで営まれています。深層心理学によると、人はどうしてもすべてを「正義：悪」、「いい人：悪い人」などの両極端にわけて認識する傾向があります。「天敵」などの、人間の自然な嗜好を超えた、ある程度、極端な「好き：嫌い」は、そこから生まれます。

## 心の奥底にある「シャドーのモンスター」とは?

ここからほんの少し、心理学用語が入って理論的なお話をしますが、ちょっとのあいだお付き合いくださいさい。

人間は、人の目をとても気にして生きている、ということは誰でも実感していると思います。社会のなかで、どう自分が見られているか、ということに関心が薄い人はいません。

私たちは、人の目、世間様、社会の評価などを想定しながら、自分で「こうあるべきだ」というイメージを造り、そのとおりに装って生きています。そのイメージのことを心理学では**「ペルソナ(仮面)」**と呼びます。

仮面舞踏会では、仮面の人になりきって楽しむように、私たちは意識していなくても「ペルソナ」をかぶって「いい人」を演じながら人生を歩んでいます。

ペルソナはひとつではなく、会社では課長のペルソナ、家ではお父さんのペルソナ、あるいは夫のペルソナ、ゴルフをやるときにはまた別のペルソナなど、いろいろと使い分けています。

人間の実態というのは、誰しもが嘘もつくし、嫉妬もするし、ドロドロと汚い存在です。「こうあるべきだ」と「ペルソナ」を形成しているとき、それからはみ出した「こうあってはいけない」という要素も、必ず自分のなかにはあります。でもそれは、受け入れるわけにはいかないので、あたかも存在しないかのように振る舞います。

でも、いくら存在しないように振る舞っても、それは厳然とあるわけで、表面から消えて、心の奥底に押し込まれているだけです。心理学では、この心の底に押し込まれた「こうあってはいけない」想いや衝動を**「シャドー（影）」**と呼んでいます。心の底に押し込まれると、実態以上に巨大化してモンスターになっているので、本書では**「シャドーのモンスター」**と呼ぶことにしましょう。

いま、「シャドーのモンスター」が、心の底に押し込まれた「こうあってはいけない」想いや衝動でつくられる、と述べました。心理学者たちは、それにさらに抑圧された死の恐怖や、母親の子宮を強制的に追い出されたトラウマ（オットー・ランクが発見したバーストラウマ）、抑圧された性欲（フロイトが発見）など、さまざまなほかの要因も重畳して付着し、巨大に膨れ上がっていることを発見しました。

あるいは、親子の葛藤に起因する親のモンスター、嫌味な上司のモンスターなど、無数の個別のモンスターも重畳しております。

一般に、葛藤が強い人ほど「シャドーのモンスター」も強大に育っています。

くり返しになりますが、ほとんどの人は「シャドーのモンスター」を心の奥底に抱え、あたかもそれがないように振る舞っています。「あってはいけない」

ものなので、それが表に出て存在がばれてしまうことを極端に怖れ、不安になり、それにもとづく自己否定観にさいなまれながら生きているのです。

心の奥底に押し込んでいるので、これらの一連のプロセスは、じつは表面的な意識レベルには登ってきません。自分ではわからず、無自覚なまま、なんとなく「怖れや不安」、「自己否定感」などを抱えているのがほとんどの人の生き様です。

## 「天敵」とは自分でつくっている存在

さて、人間の心の深層構造についてお話してきました。

これは私が勝手に捏造した理論ではなく、深層心理学としてすでに世の中に定着している考えです。ただし、「シャドーのモンスター」というのは私独自の表現です。ペルソナを形成するときの反作用として生まれた狭義のシャドーと、それ以外も含めた広義のシャドーと、心理学者によって使い分けていることがわずらわしく、また、私がシャドーの実態を、よりリアルに感じてほしいため、あえて広義のシャドーのことを「シャドーのモンスター」と呼ぶことにしたのです。

人間というのは、表面的に見えている人柄や性格だけではなく、心の奥底に「シャドーのモンスター」を抱えており、それに大きく影響されて人生を送っている存在だ、ということを深層心理学が明らかにしてきました。

ここまで述べてきた人間の心の深層構造を、もう一度整理してみましょう。「こうあるべきだ」というポジティブな側面を代表する「ペルソナ」と、「こうあってはいけない」というネガティブな側面を代表する「シャドーのモンスター」の二極に分かれています。これが「分離」といわれる状態です。

人は、みずからの心の深層構造をとおして外界を眺めます。「ペルソナ」と

「シャドーのモンスター」という、ポジティブとネガティブの二極構造（二元性）をとおして外界を眺めれば、すべてが二極分化して見えるのは当然でしょう。

そうすると、すべてが「正義：悪」「いい人：悪い人」などの2つに分離して見えるようになります。

当然、「自己否定観」の強い人ほど分離は激しくなります。「天敵」といえるほど嫌な人がいるということは、相当に「自己否定観」が強いと思っても間違いありません。

よく、職場が変わっても必ず「天敵」が現れる人がいますね。とても意地悪な上司がいて、ようやくの思いで次の職場に移ったら、今度はすごく意地悪な同僚がいた、などといった話をよく聞きます。本人は、自分はなんて運が悪いんだろうと嘆きますが、ほんとうのことをいうと「天敵」はみずからの「シャドーのモンスター」を投影してつくっているので、どこへ行っても逃れようがないのです。

しかしながら、「天敵」と戦っている最中にそのことを言っても、本人は一切聞く耳を持ちません。「いや、そうじゃなくて、あの人はほんとうに芯から意地が悪いんですよ。AさんもBさんもそう言っています」と自分の意見を普遍的な事実だと主張するでしょう。

ところが、以下で述べる「天敵瞑想」を毎朝・毎晩1か月も続けると、かなりの確率で「天敵」がいなくなります。あれほど意地悪だった人が、親しみやすい人に変身したり、場合によっては職場からいなくなったりします。

その間、「天敵」にはいっさい働きかけておらず、瞑想をして自分の内面を整えていただけです。それにもかかわらず「天敵」が変わる、もしくはいなくなる、というのはとても不思議な話で、ちょっとやそっとでは信じられないかもしれませんが、これは天外塾では頻繁《ひんぱん》に起きている事実です。

結果が出ることによって、初めてその人は「天敵」は自分でつくっていたことに気づきます。

ここで、2つのことにご注目ください。

ひとつは、この方法は「祈りの力」が弱い、一般の人でも十分に効果が出ることです。もうひとつは、効果が出るにもかかわらず、第1章で述べたような災厄が自分自身に降りかかってくる、という危険性はまったくない、ということです。結果的には「宇宙の流れ」を変えているのですが、その歪《ゆが》みが自分に帰ってくることがないようにワークが設計されているのです。これが、インディアン流の祈りのすごいところです。

**【なぜ「祈りの力」が弱い人でも効果が出るのか？】**

ひとつには瞑想を使うからです。一般の「初級の祈り」は、意識レベルの想いです。脳科学的にいえば、大脳新皮質しか活性化しておりません。「祈りの力」が強い人というのは、大脳新皮質だけでなく、古い脳も活性化して祈る人のことです。瞑想状態というのは、大脳新皮質の働きが弱まっていますから、古い脳が働いており、「祈り」が成就しやすい状態になっています。

もうひとつには、「天敵」に対する嫌な情動をしっかり感じることです。

一般に嫌な情動は大人の対応をして、なるべく感じないように抑圧して、モンスター化しています。それをしっかり感じてやることにより、モンスターが少しずつ溶けていき、葛藤が解消していくのです。モンスターというのは、自分でつくったものなので、外から働きかけてなくそうとしてもなくなりませんが、意識の光を当て、しっかり感じてやれば少しずつ小さくなるのです。

**【結果が出るのに、なぜ本人に災厄が降りかかってこないのか？】**

それは、祈りの最後を必ず「感謝の言葉」で結ぶからです。相手がした嫌なことを思い出して、それをなじることはしますが、「お陰で私は鍛えられました、ありがとうございます」などと、最後は感謝で締めくくります。

心を込めていう必要はなく、心にもない感謝の言葉でいいのですが、感謝で終われば全体的な言葉そのものはグチでも、結果を求めてコントロールしようとする祈りではなくなります。「祈り」の本質が、言葉で組み立てられている、という原理にもとづいております。むりやり感謝の祈りにする、というのがインディアン・メソッドの神髄です。

さて、それでは「天敵瞑想」の手順をご説明しましょう。天外塾では、みっちりと瞑想の実習をしますが、未経験者でも次のページに示すようにマントラを一定回数以上唱え続ければ軽い瞑想に入ります。

この方法は、回数を重ねないと効果が発揮できません。毎朝・毎晩続けて約1か月というのが一応の目安です。ともかく続けてください。

また、「天敵」だけではなく、自分を裏切った人も対象にできます。

## 天敵瞑想のやり方

①いままで、自分の前に現れた天敵たち、あるいは自分を裏切っていった人たちのリストをつくる。

②マントラを称えて軽い瞑想に入る。

マントラは「南無阿弥陀仏」、「南無妙法蓮華経」、「アーメン」、「ハレルヤ」、「ぎゃあてい・ぎゃあてい・はらぎゃあてい・はらそうぎゃあてい・ぼうじそわか（般若心経のマントラ）」、「かんながらたまちはえませ（神道のマントラ）」、「オム・マニ・ペメ・フーム（チベット密教のマントラ）」などなんでもいいですが、特にこだわりがなければ稲盛和夫氏推薦の次のマントラがお薦めです。「ナンマン・ナンマン・アリガトウ（稲盛和夫氏が小学生の頃、授かった隠れ念仏のマントラ）」

このマントラだと64回くらい称えると軽い瞑想状態に入れます。「アーメン」のような短いマントラの場合には、１０８回以上称えます。マントラは声を出す必要はなく、心のなかで称えます。
③上記①のリストにある人の顔を順番に1人ひとり思い浮かべ、その人が自分に対してしてくれたひどい仕打ちを1つひとつ丹念に思い浮かべます。それを受けたときの自分の嫌な情動をもう一度しっかりと感じます。
最後に、「あなたのひどい仕打ちのお陰で、私は強くなれそうです。どうもありがとう」などと、むりやり「心にもない感謝の言葉」にして終わります。

祈りは声に出さず、心のなかで称えます。

リストにあげた人の人数が多い場合には、1回の瞑想で全員やる必要はありません。だいたい瞑想時間は20分くらいをめどにします。
④最後にまた②と同じマントラを称えます。これは、嫌な情動を断ち切るためです。
⑤この瞑想を毎朝毎晩、1日2回行い、約1か月続けると何らかの効果が実感できると思います。

# 第10章 千日回峰行者の祈り

## 世界中の平安を支える「祈り人」

さて、ここまで、インディアンのフィロソフィーと祈りについて述べてきましたが、この章では、少し日本の伝統的な祈りについて触れてみましょう。

世界各国のあらゆる宗教には、優れた祈りの伝統があり、それぞれに秘かに伝わっております。日本の仏教、修験道、神道などにも素晴らしい「祈りの伝統」があります。

私はこういうことをやってきたので、技術の世界で育ってきた割には多くの宗教家とお近づきにさせていただき、「祈りの力」の強さに驚嘆《きょうたん》した経験も数かぎりなくあります。

世の中で最もよく知られているのは、「今空海」と呼ばれている神戸の鏑射《かぶらい》寺《じ》の中村公隆和尚の祈りでしょう。私も何度もお会いして教えを乞《こ》うています。

日本列島祈りの旅でご一緒させていただいている口羽秀典和尚は、そのお弟子さんのひとりです。

中村公隆和尚が起こした数々の祈りの奇跡は、広く語り継がれていますが、次章でごく簡単な、あまり差支えのない例をひとつだけご紹介いたします。

本章では、修験道の僧侶の祈りで重篤な病気が奇跡的に治癒したという、私の身の回りで起きた生々しい体験をお話しいたしましょう。

新型コロナ・パンデミックで緊急事態宣言が出た2020年4月初旬、大峰山千日回峰行を1983年に達成された柳澤眞悟阿闍梨《あじゃり》からお手紙をいただきました。このコロナ禍《か》に対して、毎朝3時から5時のあいだ、1年間にわたって「蔵王権現息災護摩供《ざおうごんげんそくさいごまく》」（災いを鎮める護摩焚き）を修法するとのことでした。

第2章で、世界のどこかで災厄があるとインディアンの長老は必ず祈りを捧げる、と書きましたが、それは修験道の大阿闍梨でも同じです。おそらく、世界中のあらゆる宗教のきわめて多くの「祈り人」たちが、このコロナ禍で祈ったことでしょう。「祈り人」というのは、世界中の人々の平安を支える役割を自覚して「他力行」を実践しており、柳澤眞悟阿闍梨もその1人なのです。

まず、その柳澤眞悟阿闍梨との出会いのお話をしましょう。

## 祈りの力で起こった天候の急変

2008年に、野口法蔵師が企画してくれた少人数のツアーに参加したことがあります。師は、インドのラダックにあるリゾン寺というところで、チベット密教のものすごく厳しい修行をして僧侶になった我々の断食の師匠です。

7月26日に比叡山で藤波源信阿闍梨の護摩行が、翌27日には金峯山寺での柳澤眞悟阿闍梨の護摩行がありました。

藤波源信阿闍梨も2003年に比叡山千日回峰行を達成しておられます。この当時、千日回峰行を達成した阿闍梨は日本中で4人しかおられず、そのうち2人の護摩行に連日参加したことになります。

26日は快晴だったのですが、護摩行が始まるとすぐに豪雨に見舞われ、ものすごい勢いで雷が鳴りました。そして、護摩行が終わるとピタリと雨がやみ、また快晴に戻りました。私は思わず、藤波源信阿闍梨に「護摩炊きをするといつもこうなるのですか?」と聞いてしまいました。阿闍梨はけげんな顔をされていました。

儀式と天候がぴったりシンクロする様子は、8年前のサンダンスの体験を想い出させました。夜にはサンダンスの想い出話に花が咲きました。

翌27日も快晴、私たちは金峯山寺の塔頭の脳天神社護摩堂に歩きながら、「まさか、今日もあんなことは起きないよね」と話し合っていました。その「まさか」がほんとうになったのです。

柳澤眞悟阿闍梨が護摩を焚き始めるや否や、一転にわかに掻き曇り、車軸を流すような豪雨とすさまじい雷鳴と稲光、そして護摩行が終わるとカラッと快晴。昨日とまったく同じことが起きました。

「……ああ、やっぱり……」

私は、この2回の護摩行にインディアンの長老のスピリットが大勢参加したことを確信しました。このように、儀式と天候をシンクロさせることはインディアンの長老の得意技だからです。

じつは、ちょうどこの同じ時期に、アメリカ・ワイオミング州デビルスタワーという場所で、湯川れい子さんが主催して、あるイベントが開かれていたのです。

インディアンの鎮魂と平和を祈願して「風の環」という美しいモニュメント

が設置され、ラコタ族のアーボル・ルッキングホース大長老とマリリン・ヤングバード長老が祈りを捧げる、という儀式でした。

私たちも出るように誘われていたのですが、アメリカには行かずに日本国内の野口法蔵師のツアーを選びました。行かない代わりに、こちらで先住民への祈りを捧げましょう、と約束しておりました。

したがって、この2回の護摩行で炊いた数十本の護摩木には、世界中の先住民に対する感謝と彼らの心の平安に対する祈りがびっしりと書き連ねられていました。もちろんその祈りは、日本語で書かれていたのですが、インディアンの長老のスピリットたちにはわかったのでしょう。

2回の護摩行における天候の急変は、インディアンの長老のスピリットたちが我々の祈りを受け取ったという強烈なメッセージだったように思います。

修験道の護摩行と、宗教的にも文化的にもまったくかけ離れたインディアンの祈りが、こうやって響き合う、ということがあるのです。私は、「祈り」には国や民族や宗教などを超越した共通の「場」があると思っています。護摩行とパイプセレモニーは、祈りが煙と共に立ち上っていく、という共通点もあります。

もちろん、このような奇跡的な出来事は、護摩行をされた2人の阿闍梨の「祈りの力」が相当に強かったからこそ起きたのでしょう。

## 高校生を救った阿闍梨の祈り

千日回峰行というのは、比叡山で往復30キロメートルの山道を7年間で1000日間歩き続けるという過酷な行《ぎょう》です。戦後14名が満行致しました。

柳澤眞悟阿闍梨は、それを見習って金峯山寺蔵王堂から大峰山・山上が岳の往復48キロメートルと距離を長くした回峰行をつくり、実践されました。こちらの満行者は、まだわずか2名です。

いずれの千日回峰行も、満行者は法力を身につけ、「祈りの力」が強くなっておりますま。昔は天皇・皇后の病気治癒の祈りも頼まれていたようです。


このように、千日回峰行というのはあまりにも厳しい修行なので、一般の人の日常生活からはかけ離れております。しかしながら、修行を志す人や、宗教や祈りに興味がある人にとっては数少ない満行者の体験談はとても貴重です。

断食の指導者、野口法蔵師は柳澤眞悟阿闍梨に取材して、その貴重な体験談を『修行は何のためにあるのか』という本にまとめて自費出版いたしました（出版元：よろず医療会ラダック基金）。その出版記念パーティーが、2017年7月29日に東京銀座で開かれました。

その席に、名前を聞いたら誰でも知っている元プロ野球の有名選手のSさんがひょっこりと顔を出しました。何やら落ち込んでいる様子です。

聞くと、高校2年生の娘さんが、なぜか歩けなくなり、話せなくなり、あちこち病院を回っていたのですが、今朝ようやく原因がわかった、ということでした。なんと、脳幹に腫瘍ができていたのです。

脳幹というのは、メスを入れるとすぐに死んでしまうので手術はできません。いまの西洋医学では、黙って死を待つ以外にどうしようもない病気のひとつです。Sさんは、絶望に打ちひしがれて、私に会いに来てくれたのです。

私は、Sさんがその話を持って、この出版記念パーティーに来てくれたことに並々ならぬご縁（共時性）を感じました。というのも、柳澤眞悟阿闍梨はいままでにも重篤な病気を祈りで治すという奇跡を何回も起こしていたからです。

早速Sさんを阿闍梨にご紹介して、祈りの手はずを整えました。私は病人のもとへ行って祈るようにお願いしたのですが、阿闍梨は脳の病気は金峯山寺の塔頭の脳天神社で祈るのがいちばん効果的だ、ということで、Sさんのお嬢さんの名前と生年月日を聞いて、祈りを引き受けてくれました。

仏教の顕教では、菩薩は悟りに至る1つひとつのステップを、また如来は悟りのひとつひとつの様相を、それぞれ象徴する、いわば抽象的なイメージとして定義されています。

ところが密教や修験道では、如来・菩薩・眷属・明王・天などは、すべて目には見えないけど実際に存在している、と解釈しております。祈りの多くは、それらを呼んでこの世に降ろし、「これこれの仕事をしてください」とお願いするのです。

つまり、「祈り人」が直接的に宇宙をコントロールしようとするのではなく、これらの目に見えない存在に働いてもらう、という祈り方なのです。

冒頭に述べた、柳澤眞悟阿闍梨のコロナ禍に対する祈りも、蔵王権現に降りてきてもらい、災いを鎮めてください、とお願いする祈りなのでしょう。

こういう祈り方は、直接的に宇宙をコントロールするような祈りの言葉を吐くよりも、ひょっとすると危険性が少ないのかもしれません。


さて、護摩堂のある脳天神社（龍王院）というのは、はるか昔に頭をつぶされた大蛇（金剛蔵王権現の変化身）の供養をした場所として伝わっていますが、柳澤眞悟阿闍梨に言わせると山全体が巨大な龍神であり、脳天神社がその頭に当たるそうです。

脳天大神というのはその龍神のことであり、おそらく龍神を降ろして働いてもらうように祈るのでしょう。

脳天神社は龍神に対するお祈りをするので、お供え物としてゆで卵が山のように来ています。私たちは金峯山寺に行くたびに、そのお下がりをちょうだいしています。

脳天大神という名前がついているほどですので、脳の病気に霊験があり、多くの患者が祈りに来ているようです。

そういうわけで、患者に会うこともなく、名前と生年月日を聞いただけで柳澤眞悟阿闍梨の祈りが始まりました。どういう祈りを何回行ったのかは、誰にもわかりません。

ところが、しばらくするとSさんから連絡が入りました。お嬢さんがしゃべれるようになったというのです。さらに、歩けるようになり、長らく休んでいた高校にも復学できました。

結局、腫瘍が完全に消滅するまでには6年くらいかかりましたが、お嬢さんは大病をしたにもかかわらず留年することもなく、とても無理といわれた上智大学に合格し、学生生活をエンジョイされました。

これは、西洋医学的にはまったく説明できない奇跡です。もっとも、柳澤眞悟阿闍梨のサイドから見ると特にめずらしいことではありません。ただし、阿闍梨に言わせますと、祈ったからといって誰でも治るわけではなく、天に許された人だけが治るのだそうです。

さて、私が身近に経験した修験道の祈りの奇跡をご紹介しました。一般社会から見ると驚くような話ですが、修験道や密教の世界ではごく当たり前で、取り立てて人にお話しするようなことではありません。

ここで皆さんに知っていただきたいのは、あなたのすぐそばの日本社会でも優れた祈りの伝統があり、秘かに実施されているということです。

一般社会の常識からは大きく外れており、皆さんが日常的に接している神社仏閣の祈りとは、かなり趣は違いますが、多くのすぐれた「祈り人」たちが、日本でも秘かに活躍しておられます。

# 第11章

# 「宇宙の流れ」をコントロールする祈り

## 流れをコントロールする祈りとは？

世界にはおびただしい数の宗教があり、「祈りの力」の強い人はいくらでもいるでしょう。また最近では、特に修行じみたことをしなくても、いつの間にかチャネリングができるようになった人も増えています。

本人の自覚がなくても、実質的な「祈り人」はかなりの数に上るでしょう。新型コロナ禍のような災厄があると、第2～3章、または第10章で述べたように、多くの「祈り人」たちが祈ります。「祈り人」は修行を積むと、ひとりでに「利他行」に向かうようになりますので、これはごく自然な行為です。

一般の方々が気づくことは、まずないでしょうが、世界中の人々の平穏な暮らしというのは、じつは、これらの多くの「祈り人」たちの祈りで支えられているともいえます。

あるいは、第10章で述べたように、病気のような個人的な災厄に対しても「祈り人」の祈りで解決する例はたくさんあります。

これらのほとんどの祈り……世界中の「祈り人」の祈りの大半……は、「祈りの力」で何かを変えようとしています。つまり、「宇宙の流れ」をコントロールする祈りなのです。

第10章の冒頭で、名前だけご紹介した中村公隆和尚の奇跡の祈りのエピソードは山のようにありますが、いずれも「宇宙の流れ」をコントロールした祈りです。

第二次世界大戦に負けたあと、いったい日本にとって、なにが悪かったんだろうか、ということが皇室と当時の指導者のあいだで検討され、どうも明治時代の廃仏毀釈《はいぶつきしゃく》が良くなかったという結論に達しました。

そして、当時まだ高野山大学の学生だった中村公隆和尚に白羽の矢が立って、日本再生を託された、という経緯があります。そのため、中村公隆和尚もそのお弟子さん方も、廃仏毀釈でつぶされたお寺を裸一貫、再興されるという偉業を達成されています。

そのような経緯があったため、中村公隆和尚には国のトップや皇室からの祈りの依頼が多く、とても重い祈りのエピソードが数かぎりなくあります。しかしながら、あまりにもことが重大で影響が大きく、ここでご披露することはちょっと憚《はばか》られます。

そこで、私が直接ご本人からうかがった、比較的差支えのない例をひとつだけご紹介しましょう。それは、台風の進路を変えた祈りでした。

## 感謝をベースにした祈りとは？

ちょうど私たちが中村公隆和尚の鏑射寺を訪問する直前に、大きなふたつの台風が日本を直撃するという予報で、甚大な被害が予想されていました。ところが不思議なことに、直前にコースが逸れて被害がありませんでした。

「気象庁に迷惑をかけるので最近はほとんどやっていなかったのだが、今回はあまりにも被害が大きそうだったので祈った」

和尚はそうおっしゃっていました。

信じられない方が多いとは思いますが、この例は中村公隆和尚の数々の祈りのエピソードのなかでは、はるかに、はるかに軽い部類に入ります。

それに対して、本書の、第2章〜9章でご紹介した、**「すべてを〝感謝の言葉〟に換えるインディアン流の祈り」**というのは、「宇宙の流れ」をコントロールしようとしない祈りです。

第3章のコロナ禍に対する祈りも、コロナウイルスに対してまで感謝をする祈りになっています。同じコロナ禍に対する祈りでも、柳澤眞悟阿闍梨は直接的に人々に災厄が降りかからないように祈られます。

第7章の圓通寺での祈りでは、結果的にはマンションは建ちませんでしたが、建たないように祈ったのではなく、感謝の言葉を述べただけです。

第9章の「天敵瞑想」では、多くの場合、天敵はいなくなりますが、心にもない感謝の言葉を唱えるだけで、「いなくなってくれ」とは祈りません。

このような感謝の言葉を使った祈りは、ウイリアム・コマンダ大長老↓セクオイヤ・トゥルーブラッド長老↓天外……と引き継いできたインディアン社会のひとつの伝統です。しかしながら、インディアンの長老たちのなかでこの伝統を実行しているのはむしろ少数派で、実際には多くの長老が、「宇宙の流れ」

をコントロールする祈りをしています。

つまり、本書でお伝えしようとしている**「感謝をベースにした祈り」**というのは、世界の祈りの伝統のなかでは極めて特殊なケースなのです。

あまりにも特殊で、一般常識から離れているために、皆さんのご理解を得るのが難しそうなので、あえて第10章で一般によく知られえている「宇宙の流れ」をコントロールする修験道の素晴らしい祈りの例を出し、本章ではそのふたつの祈り方を対比させることにいたしました。

## 「宇宙の流れ」をコントロールする祈りと、しない祈り

対比させるといっても、「どちらがいいか?」という議論に陥らないようにご注意ください。どちらも素晴らしい祈りの伝統なのです。

ただ、「宇宙の流れ」をコントロールする祈り、というのは、どちらかとい

うとものすごく厳しい修行を経て強力な「祈りの力」を身につけたプロ中のプロの得意技だと言えるでしょう。

一般の人がいくら、うんうん踏ん張って祈っても、台風の進路は変わりません。脳幹にできた腫瘍を治療することもできないでしょう。

そういう祈りができる超一流の「祈り人」というのは、たぐいまれな「祈りの力」と「強靭《きょうじん》な心」を持っており、やはり選ばれた人たちだと思います。

一方で、本書でお薦めする「宇宙の流れ」をコントロールしようとしない祈りというのは、ちょっとした心得があれば、私のようになんの修行もしていない素人でも「祈り人」として通用し、そこそこの貢献ができます。

もちろん、台風の進路を変えたり、脳幹の腫瘍を治療したりするなどといった芸当こそできませんが、もう少し穏やかな形で社会や人々のお役に立てるのです。

ものすごい修行をしている人は本書のような本は読まないでしょうから、いまこれをお読みのあなたの祈りも、「宇宙の流れ」をコントロールしない方法論をお薦めします。

もうひとつの問題点は、中途半端に「祈りの力」がついてきて、「宇宙の流れ」をコントロールできてしまうと、思わぬ災厄に見舞われる危険性があるということです。

もし私が、台風の進路を変えることができてしまうと、おそらくなんらかの跳ね返りを受けて体調を崩してしまうでしょう。

このあたりが、我々素人と、修行を積んだ僧侶との決定的な違いです。修行をしっかり積めば「祈りの力」が強化されるだけでなく、「宇宙の歪《ゆが》みを受け取る力」も半端なくつくようです。その力がつかないで「祈りの力」だけが強くなった中途半端な状態が危険なのです。

ただし、修行を積んだからといって万全ではありません。とても重い祈りをした僧侶がそのあと体調を崩した、という例はたくさん見てきました。

地縛霊に対する重い祈りの途中で、「もうこれ以上は私の力ではどうしようもありません」と祈りを放棄した僧侶（日蓮宗）が、3年後に癌で死亡した例も間近に見てきました。

もちろん祈りを放棄したことと、癌で亡くなったこととの因果関係は誰にもわかりません。しかしながら、中村公隆和尚にお聞きしたら、それはつながっている、とおっしゃっていました。

この例でも、その他の重い祈りで僧侶が体調を崩した例でも、とても深い教訓を含んでおります。「祈りとは何か？」「祈り人とはどういう存在か？」「どういうケースで祈りの差し障りが出るのか？」などを明らかにする興味深いエピソードばかりなのですが、いずれも重大な機微を含むので、ここでは詳細はご披露できません。

## 「人の生きる道」としての祈り

結論としては、いま世界中のほとんどの強力な「祈り人」がしている「宇宙の流れ」をコントロールする祈りというのは、厳しい修行を経て、「祈りの力」と「宇宙の歪みを受け取る力」が強くなった人が、ある程度の跳ね返りを覚悟して行っている、ということです。

素人が簡単にマネできる話ではありません。

もっとも、ほとんどの方は第1章で述べたように「初級の祈り」しかできないので、祈りの効果が限定的であり、同時に危険性もありません。

前述のように、中途半端に「祈りの力」が強くなっているけれど、「宇宙の歪みを受け取る力」がついていない人がマネをすると、けがをする恐れがあります。

くり返しになりますが、本書でお薦めしている、**「すべてを〝感謝の言葉〟に換えるインディアン流の祈り」**というのは、世界の祈りの潮流のなかでは、極めて異端なのですが、さしたる修行もしていない素人でも、そこそこの結果が出て、しかも危険性はありません。

いままで、こういう祈り方を薦めてきた人はあまり多くはなかったように思いますが、よくよく見ると、祈りではなく「人が生きる道」としての「感謝道」として説いてきた人は山のようにおります。

たとえば、小林正観さん（１９４８～２０１１）は、長年「すべてに感謝する」ということを説いてこられており、本書の主張と重なるところが多いと思います。小林さん以外でも、感謝の大切さを説いている指導者は、日本だけでもおそらく数百人はいるでしょう。

つまり、本書が主張するフィロソフィーの根本部分は、「人の生きる道」としては、それほど突飛ではなく、世界的に知られていることだと思います。

それを、「祈りの様式」として定着させたところが、インディアンの長老たちの智慧《ちえ》だったと思います。

それを皆さんにこうやってお届けできることを嬉しく思います。

# 第12章 宇宙の法則について

## なぜ「感謝の祈り」は有効なのか？

ここまでは、圓通寺の祈り、シャクシャインたちに対する祈り、あるいは天外塾で頻繁《ひんぱん》に行われている「天敵瞑想」、さらには修行を積んだ僧侶たちの奇跡的な祈りについて述べてきました。

また、長老の意識や儀式の進行とともに、天候が変化する、という現象についても述べてきました。

これらの現象は、文明国の常識からは想像も及ばないでしょうし、近代科学では説明できません。読者のなかにも「ほんまかいな？」と疑いの気持ちを持たれた方も多くいらっしゃるでしょう。でも、まぎれもない事実なのです。

私自身は、42年に及ぶソニーでのキャリアは、エンジニア、もしくはエンジニアリング・マネジメントとして、科学技術を拠りどころに生きてきました。

その立場からすると、これらの現象の説明に「神様が……」という宗教的宇宙観でお茶を濁《にご》すことには、いささか抵抗感があります。

宗教的宇宙観は素晴らしく、私も大好きなのですが、断定的なところが少し引っかかります。

同じように、スピリチュアル系の宇宙観も、チャネリング情報をそのまま表現しているので、やはり断定的です。

近代科学的宇宙観からは少々離れますが、なぜ「祈り」が効くのか、なぜ人が天候を制御できるのか、などをしっかりと説明できる、根拠と論理的整合性がしっかりした新しい宇宙観が待たれます。本章では、そういう新しい宇宙観を、「宇宙の法則」として提示していきたいと思います。

この宇宙観から、本書で提案している**「すべてを〝感謝の言葉〟に換えるインディアン流の祈り」**がなぜ有効なのか、その意味づけを探っていきます。

しばらくのあいだ、私のとりとめないおしゃべりにお付き合いください。

## ふたつの宇宙をつなげる4つの法則

まず、科学的宇宙観だと、私たちの意識のあり方、あるいは想いと、外界で起きる現象はまったく無関係だということになりますが、上記の現象が事実だとすると、「そうではない！」というのが、最初の前提条件です。

これはしかし、多くの日本人は、科学的宇宙観とは別に**「みずからの想いや行いが外界で起きる現象に、なんらかの影響を及ぼしている」**という感覚を多少なりとも持っているのではないでしょうか。

ゴルフコンペなどで「皆さんのおこないがよかったお陰でお天気に恵まれまして……」などという主催者挨拶に違和感を覚える人はほとんどいません。つまり、人々の感覚のほうが、すでに科学的宇宙観から少し離れているのです。

これを、ちゃんと表現すると、心の中の「内的宇宙」と、外側に存在する「外的宇宙」がなんらかの関係性を持っている、ということになります。

これはじつは、天外塾では頻繁に体験されています。第9章でご紹介した「天敵瞑想」だけでなく、多くの例があります。

たとえば「死の瞑想」では、30分後に死ぬ、という前提で遺書を書き、誘導瞑想で疑似的な「死」を体験したあとにその遺書を読みます。

離婚した父親が「パパは、お前に会えないまま死んでいく……」などという遺書を大泣きしながら読むのですが、不思議なことに、そのあとで何年も会っていなかったお子さんに街中で偶然ばったり出会う、などといった現象が頻発します。

瞑想ワークというのは、「内的宇宙」を整えているだけなのですが、不思議に「外的宇宙」も整ってくるのです。

# 宇宙の法則　1

瞑想で「内的宇宙」を整えると「外的宇宙」も整ってきます。

逆に、もし「内的宇宙」が荒れていたら、当然外側で起きることも荒れてくる、ということになります。第1章で述べたように、外側で起きている「不本意な現実」というのは、たまたまそういう現象が起きているのではなく、「内的宇宙」の乱れが反映しているという結論になります。

人や社会の成長・進化に関して卓越した指導をしておられる、由佐美加子さんは本書で「シャドーのモンスター」と呼んだ内容を、実際にその人に起きている現象面から解析し、「メンタルモデル」と彼女が名づけた、無自覚な信念体系が形成されていることを発見しました。

以下、彼女との共著本から引用します。

「(愛とかつながりとか……) あるはずなのに、ここにないという衝撃、痛みを身体で感じるその瞬間、そこにはさまざまな感情が溢れます。怒り、悲しみ、戸惑い、パニック、恐怖、など、思考が未発達な状態でうまく思考で処理ができないまま、身体中の細胞でそれを感情として感じます。

これらの感情を感じ続けると痛みが続くので、その不快感をなんとかしないと、という衝動が思考を使って自分と起きた事象を切り分け、その痛みが起きた理由づけをすることによって、この痛みから自分を切り離す、ということが無意識で起こるのではないかと考えています」

(由佐美加子、天外伺朗共著『ザ・メンタルモデル：痛みの分離から統合に向かう人の進化のテクノロジー』[内外出版])

そのときに形成される無自覚な信念体系を、彼女は「メンタルモデル」と呼びました。私は、これは深層心理学の分野におけるとても大きな発見だと思います。私が、彼女のワークショップに初めて出たときの驚きを、同書では次のように表現しています。

「（由佐美加子さんが、この）メンタルモデルにもとづいて個人の内面を紐解いていくやりとりに衝撃を受けました。塾生の人生に起きている〝不本意な現実〟を聞き、機関銃のように質問を発して、それがなぜ起こっているのかを解明し、その人固有のメンタルモデルを探り当てるのです。いままで自分の外側にトラブルの原因があると思っていた塾生は、自らの深層意識構造がすべての要因だと知ってびっくり仰天でした。分析を希望する人が殺到し、ワークは帰りの電車のなかまで続きました」

このことから、次の宇宙の法則が導かれます。

## 宇宙の法則　2

「不本意な現実」は、「内的宇宙」の乱れの反映です。そこから逃れようとする「祈り」は、なんの意味も持ちません。どんなに祈っても、自分自身からは逃がれようがないからです。

すでに第1章で述べていますが、「不本意な現実」というのは自分でつくっているのであり、そこから逃れるように祈るということは、自分の尻尾に噛《か》みつこうとしている犬のようなものであり、まったくムダな努力なのです。いま、日本中の神社仏閣で盛んにおこなわれている「初級の祈り」の多くはこのケースでしょう。

同じように、「嫌な人」というのは、第9章で述べたようにみずからの「シャドーのモンスター」の投影によって生じているわけであり、「嫌な人がいなくなりますように」という祈りは、ひとつ上のレベルから見ると、まったくのナンセンスでとんちんかんです。第1章で述べたように、そういう祈りは、大きな跳ね返りに見舞われます。

「天敵瞑想」がなぜ無害で、しかも効果があるかというと、「感謝の言葉」を祈るので「宇宙の流れ」をコントロールしようとはしておらず、ひたすら「内的宇宙」を整える、という効果があるからです。

## 宇宙の法則　3

本書でお伝えしている**「すべてを〝感謝の言葉〟に換える、インディアン流の祈り」**というのは、ひたすら「内的宇宙」を整える祈りです。

「内的宇宙」が整えば、ひとりでに外側で起きる出来事が整ってきます。

つまり、「外的宇宙」を直接的に祈りでコントロールしなくても、「内的宇宙」を整える祈りを実行すれば、外側の世界で起きる出来事が変わってきて、結果的に祈りの目的が達成されるということもあり得るのです。ある意味では、直接的にコントロールするよりも高度な祈りといえるかもしれません。

ただし、「整える」ことしかできないので、台風の進路を変える、などといった強引になにかを変えるような芸当はできません。あくまでも「内的宇宙」のあり方が、ごく自然な「宇宙の流れ」からずれているときに、本来の流れに戻すことしかできないのです。

この祈り方を「中級の祈り」と呼んでいるのはそのためであり、ほとんどの人にとっての「祈り」は、それで十分でしょう。

ただし、病気というのは本来の「宇宙の流れ」からずれたために起きることも多く、「感謝の祈り」もかなり効果が上がります。そのときに、明らかに他人の「内的宇宙」のあり方にも影響を与えられるので、自分の「内的宇宙」と他人の「内的宇宙」はつながっている感じがします。

これは、ユングの「集合的無意識」の仮説で裏づけられます。

「感謝の祈り」を続けていれば、少なくとも本人は自然な「宇宙の流れ」にのって、極めてスムースな人生になります。そうするともう「なにかを変えようとする祈り」は必要なくなります。

ここまでわかってくると、第2章でご紹介したウイリアム・コマンダ大長老の言葉の意味と原理が明らかになってくるでしょう。

## 宇宙の法則　4

すべてに感謝していると、やがて感謝すべきことしか起こらなくなります（P42、ウイリアム・コマンダ大長老［第2章］）

結局、本書でとうとうと述べてきた内容は、すべてこの言葉に集約されている、と言えます。１９９７年に、大長老から聞いたこの言葉が、20年以上をかけてようやく紐解けた、というのが最近の私の心境です。

# むすび

2019年に私は、「聖なるパイプ」の師匠、セクオイヤ・トゥルーブラッド長老を久々に日本に招致しようとしました。

ところが、ベトナム戦争当時の枯葉剤（脚注：ベトナム戦争では、ベトコン＝北ベトナム軍兵士が森に隠れるのを防ぐため、米軍はモンサント社製の枯葉剤を大量に撒きました。そのせいでベトナムでは奇形児が大量に生まれました）の影響がいま頃に出て、動けない状態だといいます。いま、シャーマンから枯葉剤を取り除く治療を受けている、とのことでした。私はちょっと唖然《あぜん》としました。

セクオイヤは、前述のごとくインディアンと白人の混血として生まれ、インディアン社会にも白人社会にも受け入れられずに悶々《もんもん》と育ちました。

ベトナム戦争にグリーンベレーとして従軍し、ようやく居場所が見つかったそうです。ところが、グリーンベレーというのは、過酷な状況のなかでの戦いを強いられるため、覚せい剤などのドラッグを常用します。そのため帰国後にドラッグ中毒となり、売人もやり、延べ6年間を刑務所で過ごしました。

至近距離で撃ったベトコンのポケットに家族の写真を発見して、それ以来、銃の引き金が引けなくなった、とも語っていたので、おそらくドラッグ中毒には精神的な要因もあったのでしょう。そのあとにモホーク族の長老の下で修行して、ようやくパイプホルダーになったのです。

その苦難の人生に追い打ちをかけるように、約50年も経ってから、加齢と共に今度は枯葉剤の影響が出てきたのです。

それを聞いて私は、セクオイヤから受け継いだ「聖なるパイプの感謝の祈り」

の秘密を公開する本を書く決心をしました。師の恩に報いる、という意味もあります。そして、コロナ自粛で籠《こも》っているあいだに書き上げたのが本書です。

感謝の大切さを説く人は大勢いますが、それを「祈りの形式」にまで美しく練り上げたのはインディアンの伝統的な智慧です。

普通の状態でそれを語っても、ほとんどスルーされてしまうでしょうが、長老が直弟子に「聖なるパイプ」を授けるときに厳《おごそ》かに語れば根づきます。それでも、私の場合には自分自身にその教えが定着するのには5年の歳月が必要でした。

この「祈りの伝統」は、そうやって細々と長老から次の長老へと引き継がれてきました。そのために、特に秘密にする必要もなかったのに、ほとんど世の中では知られていません。それがいま、こうやって公開されます。

私はいま、人類はとても大きな変容の時期を迎えていると考えています。もし、この祈りの伝統を広めることができれば、人類の変容に大きく貢献できるでしょう。

これをお読みのあなた自身も、本書の方法を実行できれば、精神的な成長が一挙に進みます。

本書の内容は、いまのあなたにとって、とても信じられないかもしれません。でも、世の中で多くの人が説いている「感謝道」のちょっとした延長だと考えれば、それほど違和感はないでしょう。

なにも難しい方法論もなく、厳しい修行も不要なのにもかかわらず、とても効果が上がります。あなたもぜひ、この「感謝の祈り」の仲間に入りませんか！

## ウクライナ戦乱への祈りの代わりに詩を書きました

2022年2月24日、ロシアがウクライナに武力侵攻しました。圧倒的多数がロシアのプーチン大統領を非難していますが、一部にはウクライナのゼレンスキー大統領を非難する声も聞こえてきます。

じつは、この両サイドとも、「正義と悪」というパターンにとらわれているのが気になります。

このパターン化は、「シャドーのモンスター」が暴れている人ほど陥りやすい傾向です。

「シャドーのモンスター」は、戦いのためのエネルギー源ですから、両サイド共に戦いの火に油を注いでいることになります。

このパターン化から離れることが平和につながります。

３６５音（５音＋12音（７＋５）×30行）は一年（３６５日）を表します。

**３６５音の詩「正義と悪」**

知っている？
あなたの心の　奥底に
隠れているよ　モンスター
こうはあっては　いけないと
抑え込んでた　衝動が
無意識の底　隠れてる
邪悪な顔は　見えないが
暴れているよ　モンスター

こうあるべきだ　良い面は
仮面被った　ペルソナだ
人はペルソナ　表にし
良い人演じ　生きている

心の底が　分かれてる
とても善良　ペルソナと
邪悪のかたまり　モンスター
そのフィルターで　外を見る
色眼鏡かけ　外を見る
すべてが二つに　分かれてる
「正義と悪」に　見えてくる

ほんとは世界　色がない
「正義」なければ　「悪」もない
色を付けるは　人間だ
だからおかしな　ことになる
逆に掛けたら　色眼鏡
同じ事でも　人により
正義と悪が　逆になる

戦い常に　看板に
「正義」の旗を　掲げてる
「正義と悪」の　パターン化
どちらの味方　するにせよ
戦いの火を　燃やすだけ

**著者プロフィール**

**天外伺朗（てんげ しろう）**

本名、土井利忠。工学博士（東北大学）、名誉博士（エジンバラ大学）。1964年、東京工業大学電子工学科卒業後、42年間ソニーに勤務。「ＣＤ」、ワークステーション「NEWS」、犬型ロボット「AIBO」などの開発を主導した。上席常務を経て「ソニー・インテリジェンス・ダイナミクス研究所」所長兼社長などを歴任。現在はホロトロピック・ネットワークを主宰、医療改革、教育改革に取り組み、瞑想や断食を指導。また、ホワイト大賞企画委員長として日本の産業界のレベルアップを推進。「天外塾」という経営塾（人間塾）も主宰している。
著者は『日本列島祈りの旅１』『クナト姫物語』（ナチュラルスピリット）ほか多数。

ホロトロピック・ネットワーク
http://holotropicnetwork.wixsite.com/network

オフィスJK
http://www.officejk.jp/

ホワイト企業大賞
http://whitecompany.jp/

# 祈りの法則

●

2021年1月15日　初版発行
2022年4月19日　第2刷発行

著者／天外伺朗

装幀／福田和雄（FUKUDA DESIGN）
編集／高山 渦
DTP／伏田光宏

発行者／今井博揮
発行所／株式会社 ナチュラルスピリット
〒101-0051 東京都千代田区神田神保町3-2 高橋ビル2階
TEL 03-6450-5938　FAX 03-6450-5978
info@naturalspirit.co.jp
https://www.naturalspirit.co.jp/

印刷所／中央精版印刷株式会社


ISBN978-4-86451-355-5 C0014